新雅
名人館

⋯軍事天才⋯

拿破崙

編著 曉帆

新雅文化事業有限公司
www.sunya.com.hk

新雅・名人館

軍事天才 拿破崙

編　　著：曉帆
內文插圖：黃穗中
封面繪圖：李成宇
策　　劃：甄艷慈
責任編輯：周詩韵
美術設計：何宙樺
出　　版：新雅文化事業有限公司
　　　　　香港英皇道499號北角工業大廈18樓
　　　　　電話：（852）2138 7998
　　　　　傳真：（852）2597 4003
　　　　　網址：http://www.sunya.com.hk
　　　　　電郵：marketing@sunya.com.hk
發　　行：香港聯合書刊物流有限公司
　　　　　香港新界大埔汀麗路 36 號中華商務印刷大廈 3 字樓
　　　　　電話：（852）2150 2100
　　　　　傳真：（852）2407 3062
　　　　　電郵：info@suplogistics.com.hk
印　　刷：中華商務彩色印刷有限公司
　　　　　香港新界大埔汀麗路 36 號
版　　次：二〇一七年十月二版

ISBN: 978-962-08-6908-2

前言

　　1840 年，法國政府罕有地主持了一項隆重的儀式，將一位十九年前死於二千公里外的南大西洋聖赫勒拿島的法國人的遺骨遷葬回國，埋在塞納河畔的老殘軍人退休院。

　　令法國政府罕有地打破傳統，給予此崇高榮譽的人， 就是備受後人讚譽的法蘭西最偉大的軍事家、政治家拿破崙。

　　1815 年 10 月，因著名的「滑鐵盧之戰」慘敗而被迫退位的法國執政者拿破崙，被英軍送到非洲西海岸的聖赫勒拿島軟禁。1821 年 5 月 5 日，經歷了連年征戰、宦海沉浮之後，癌病纏身的拿破崙在島上溘然長逝，終年 52 歲。

　　從 10 歲起就入讀軍校的拿破崙，青年時代受十八世紀啟蒙思想家盧梭的激進思想和美國《獨立宣言》的影響，決心為「自由、平等、博愛」而戰。他從最低層的尉官做起，身經百戰，25 歲便成為法國國民軍總司令，此後率領法軍四出征戰，縱馬馳騁歐洲大陸，贏得數十次輝煌的勝利。在執掌法國最高權力的十五年期間，拿破崙以其非凡的能力和精力解決了一系列重大的國際國內

問題，處理好前政府留下的民不聊生、內憂外患的爛攤子，令法國得以休養生息、重振雄風。法蘭西帝國空前強大，摧毀了連續五次的反法聯盟，拿破崙永遠不敗似乎成為不滅的真理。

可惜，建立世界大帝國的野心令拿破崙頭腦發昏，到處掀起戰爭的他，逐漸演變為世人眼中的蹂躪歐洲的暴君。這使他失敗於莫斯科，終結於滑鐵盧，成為拿破崙時代的「天鵝絕唱」。不過，在世界歷史上，拿破崙仍然不失為一位偉大的人物，他傳奇的一生，在人類卷帙浩繁的歷史畫頁中無疑被記上濃重的一筆。

目錄

一 憂鬱孤僻的頑童

在歐洲**地中海**的西部，有一個名叫科西嘉的島嶼。一七六九年八月十五日，科西嘉島上的阿雅克肖城內，一個男嬰哇哇墜地，他的哭聲比一般的嬰兒都要大。

「恭喜您了，夏爾·波拿巴先生，您太太生了一個兒子！」接生的鄰居老太婆高興地對男主人說。

夏爾·波拿巴是一位口才很好的律師，雖然之前已經有了好幾個孩子，但這個男嬰的誕生仍令他興奮不已。

「替他起個什麼名字呢？」律師聽着房間裏剛出生的兒子的哭聲，心裏盤算着，「就叫……就叫拿破崙吧。」

他怎麼也想不到，這個靈機一動順手拈來的名字，後來響徹整個法國。他更沒想到，這個名字將會被記載在人類的史冊裏，千古留名。

知識門

地中海：

在歐、亞、非三大洲之間，東西長約 4,000 公里，南北寬約 1,800 公里，面積 2,505 萬平方公里，是溝通大西洋和印度洋的要道。

　　夏爾‧波拿巴一家從上幾代起就一直住在科西嘉島了。科西嘉島原隸屬於商業國熱那亞。島的北面是法國，東面是意大利，南面是面積三倍於科西嘉的撒丁島，西班牙則從西面環視着它。

　　歷史上，許多入侵者都曾先後統治過科西嘉。儘管這些外來的強者可以佔據科西嘉的沿海城鎮，但始終無法令散布在山巒叢林中的原住居民屈服。科西嘉人頑強地保持着他們以家族為中心和較為原始的生活特徵，更保持着反抗外來強者的鬥爭傳統。

　　或許正是這種傳統的根深蒂固，使科西嘉島的男人們視家族榮譽為至高無上，將炫耀自己的武力作為時尚，唯一信奉的權威就是槍和匕首，動不動就大打出手。這樣的生活方式和社會環境，造就了科西嘉人脾氣陰鬱暴躁、苛求於人但又勇敢敏銳、堅忍不拔的性格。這一切對拿破崙的成長和他後來的事業發展，有着千絲萬縷的內在聯繫。

　　在拿破崙出生前的一段頗長時間裏，科西嘉島經歷了政治和社會的大動盪。一七五五年，科西嘉人在其領袖保利的率領下，舉行暴動並且取得勝利，趕走了長期統治科西嘉島的熱那亞人，成為獨立的國家。但是好景不長，法國國王路易十五伺機派兵強行進駐科西嘉島，

至一七六八年，熱那亞政府與法國簽訂秘密協定，將名存實亡的科西嘉的「權力」出賣給法國。

法國宣稱，對一切承認法國政權的科西嘉人一概赦免。夏爾‧波拿巴雖然曾是保利領導的反抗鬥爭中的積極分子，但為了保住家人，還是決定全家加入法國籍。

小拿破崙漸漸長大了，進了學校讀書。這個瘦小個子但又淘氣任性的小頑皮在同學當中十分惹人注目，因為他總是顯得精力過剩，動不動就與人大打出手，而且出了名的不要命。

「拿破崙，你怎麼又把隔壁的弗尼亞打哭了？」母親列蒂契婭，是當地的名門閨秀，平日很注重對孩子的教育，這天還沒進家門就讓鄰居攔住投訴，氣真是不打一處來。

小拿破崙知道瞞不過去，於是從桌子底下鑽出來，對生氣的母親說：「我是被迫才還手的，他先打我的，打得比我打他還痛，只不過我沒有哭罷了。」他撥開自己的頭髮。露出頭頂又紅又腫的一塊。

列蒂契婭心痛極了，也就不再追究下去。

但是到了七八歲的時候，母親卻發現他完全變了，這個原來連一分鐘都坐不住的男孩子，忽然變得安靜下來，竟能整天癡癡迷迷地待在小房間裏寫寫畫畫。

「你在幹什麼？」列蒂契婭走到兒子身邊，只見他正在認真地演算數學題。

列蒂契婭還發現，兒子常常獨自跑到他家附近一座孤零零的岩石洞穴去，或埋頭讀書，或倚靠着岩石遠眺地中海的遼闊天空，一個人消磨着寧靜而漫長的下午。

拿破崙有八個兄弟姐妹，家裏經濟並不富裕。但父親還是很重視他們的學業。一七七九年，拿破崙和他的哥哥約瑟夫被送到了法國，進入奧亭中學讀書。同年春天，十歲的拿破崙轉了學，到了離法國首都巴黎一百公里的東部城市布里埃納城，在一所公費的軍事學校就讀。

「喂，科西嘉來的鄉巴佬！」滿懷興奮的拿破崙剛踏進布里埃納軍校，迎面而來的卻是一盆透心涼的冷水。

軍校生活之初，拿破崙的心情是壓抑的，因為那班貴族學生沒有一個瞧得起這個從科西嘉島來的鄉巴佬。拿破崙以前一直都講意大利語，法語説得很糟糕，還帶着濃重的科西嘉口音，這一切當然不會被那些紈袴子弟放過，他們誇張地模仿他的口音，嘲笑他穿戴的邋遢，這令自負好強的拿破崙怒不可遏。

一天中午進餐的時候，那個經常向他挑釁的大塊

頭又不懷好意地在他身邊坐下，嘻嘻一笑，伸手就從拿破崙的餐盤裏拿走一大塊雞肉。拿破崙再也忍不住了，突然對着大塊頭的臉揮出了狠狠的一拳。大塊頭猝不及防，被擊倒在地。接着便是一場混戰，直至十幾個教官趕到強拉硬扯，才把兩人拉開，拿破崙的一隻眼睛腫了，而大塊頭的門牙從此少了兩顆。

此後，陰沉而孤獨的拿破崙一再向那些敢於欺侮他的貴族學生發起還擊，就像一隻好鬥的公雞般撲向他們，不管對方是五個還是十個，最後，全把他們打敗。雖然他因此被校方多次處罰，自己也屢屢受傷，但他一點都不後悔，因為所有欺侮他的人都知道了他的厲害，從此再也不敢惹他了。

拿破崙一直記住父親在信中鼓勵他的話：「你肯定是一塊軍人的好材料！你必須在軍校待下去！」拿破崙成為布里埃納軍校中最用功的學生，學習成績名列前茅，課餘還通過閱讀大量書籍來充實自己，為他今後的軍旅生涯打下了堅實的基礎。

拿破崙所表現出來的極強意志力，使他得到了「**斯巴達**①漢子」的綽號，確實，他自覺地接受嚴格的體魄鍛

---

① **斯巴達**：古希臘人的一個部族，以刻苦剽悍著稱。

煉和軍事訓練，無論從外表還是內在，都像以刻苦剽悍著稱的古希臘斯巴達人，給人留下深刻的印象。

想一想

1. 科西嘉人有何性格特徵？

2. 這些性格特徵對拿破崙的成長起什麼作用？

二 好學的少年軍官

一七八四年，十五歲的拿破崙以優異的成績從布里埃納軍校畢業，被送到當時法國首屈一指、眾多有志青年嚮往的巴黎軍官學校深造。對於引導他走上軍旅生涯的布里埃納軍校，拿破崙終其一生都從未忘懷過。在他生命的最後時刻，他把布里埃納城列入遺囑之中，遺贈給這座小鎮四十萬法朗。後人在布里埃納城的市政府廣場上修建了一座少年拿破崙的青銅雕像，在雕像的石座上，刻着拿破崙説過的一段話：「在我的腦海裏，布里埃納就是我的祖國，因為在那裏，我才首次體會到做人的尊嚴。」

揣着成績優異的畢業證書，拿破崙踏進了嚮往已久的巴黎軍官學校，一流的教員、豐富的課程，使他大開了眼界。在這裏，拿破崙開始對炮兵產生濃厚的興趣，小時候對數學的執着愛好，對他在炮兵技術方面的學習大有裨益。

拿破崙的刻苦鑽研精神很快就獲得了教員的好評，在該校任教的著名數學家拉普拉斯破例對他進行個別輔

導，以表示對這位不可多得的高材生的讚賞。

　　但是，在巴黎軍官學校僅僅讀了一年，拿破崙就被迫結束未完的學業，提前服役。一七八五年二月，拿破崙的父親夏爾‧波拿巴因患癌病去世，家裏一貧如洗，拿破崙不得不忍痛放棄學業，向校方提出提前服役的申請。於是，年僅十六歲的少尉拿破崙，於同年八月告別巴黎軍官學校，前往離科西嘉頗遠的瓦朗斯城，向駐防在此地的拉費爾炮兵團報到，正式踏上了他坎坷而又輝煌的軍旅之路。

　　作為一名最低級的軍官，少尉拿破崙的薪俸十分微薄，他每個月大部分的薪金都需要寄給母親以養活全家，因此他只能在一家書店的頂樓租了一間斗室居住。

　　在當時法國軍隊的中低級軍官中間，積極上進者甚少，大多數人把個人時間消磨在駐地的酒吧、咖啡廳裏。但拿破崙卻沒有這樣做，他廢寢忘餐地博覽群書，細心地作筆記和寫心得，全然不顧夜晚的寒冷和油燈的昏暗。書店老闆是個愛才之人，特別允許拿破崙隨便翻看書店中的任何書籍。

　　最讓拿破崙感興趣的是那些他從來沒有接觸過的軍事、數學、地理、旅行等方面的書，偶爾他也會讀一些哲學方面的著作。就在瓦朗斯城的這家書店的頂樓斗室

裏，拿破崙細心閱讀了十八世紀啟蒙學派的古典作家**盧梭**等人的著作，接受了盧梭等人的激進思想。他將《社會契約論》放在牀頭，每天都拿來翻看一下，書中那震撼人心的「人是生而自由的」學説很合拿破崙的口味，

而盧梭號召人民起來爭取「神聖人權」的語句，則使拿破崙常常熱血沸騰。

他把盧梭的學説當作自己的行動指南，宣稱自己是盧梭的學生和忠實信徒。拿破崙在瓦朗斯期間，曾寫下了大量的讀書筆記，保留至今的仍有三百六十八頁之多。

除了他特別鍾情的軍事、數學等書籍外，拿破崙也並不拒絕小説和詩歌等文藝類書籍。他總是迫不及待地去閱讀任何一本書，就像海綿汲水一樣，去盡量吸取文化寶庫裏的所有養分。拿破崙自己説過，他的學習態度就是要盡量地吸收他所不知道的、可以充實他思想的東西。「學習一切」自始至終是拿破崙讀書的原則，這為他後來執政時管理整個國家打下了堅實的基礎。

拿破崙讀書並不是死記硬背，而是融會貫通，並且十分注意將書本知識應用到實踐之中。他博覽羣書的習

慣，使他掌握了極為豐富的各個領域的基本知識，因此
當歷史需要一位知識淵博而又勇氣非凡的佼佼者來為法
蘭西航船掌舵時，拿破崙便超越了所有的競爭者，而成
為了永垂青史的偉人。

　　一七八八年六月，十九歲的拿破崙隨其所在的炮兵
團開赴奧松城。他仍然像從前一樣貪婪地閱讀一切能夠
弄到手的書籍，特別是十八世紀軍事家所注意到的那些
軍事問題的主要著作。

　　認識拿破崙的人都會對他留下這樣深刻的印象：

　　他身上總是顯示出一種令人折服的從事腦力勞動和
長時間進行思考的能力，同時總是散發出一種不平凡的
人格魅力。

　　有學者在研究拿破崙對學習的執着追求時分析説，
拿破崙以堅忍的毅力，使自己的熱情和慾望完全服從於
意志和理性，他深信只要將所有將來用得着的知識都掌
握在手，就有了改變、駕馭命運的能力。對於出身寒
微、總是遭到貴族同僚和貴族長官輕視，但絕不肯屈服
的拿破崙來説，這是唯一的出路。

想一想

1. 拿破崙有何獨特的學習方法？學習態度
   如何？

2. 拿破崙的學習精神對你有何啟發？

三 年輕的國民軍司令

就在年少氣盛的拿破崙滿懷壯志，要登上法國政治、軍事舞台大幹一番事業之際，這個舞台卻在歷史的狂風巨浪中開始搖晃起來了。拿破崙跟隨所在炮兵團開赴奧松城的第二年，即一七八九年，震撼西方世界的**法國大革命**爆發了。

十八世紀封建君主統治下的法國，社會分為兩大敵對陣營，以國王、貴族和天主教教士組成的第一、第二等級為一方，以其他社會成員組成的第三等級為另一方。第三等級佔全社會人口的九成以上，承擔着國家各個方面的重負，卻沒有絲毫的權利。他們對法國封建制度不滿，尤其對壓迫他們的教士和貴族更是深惡痛絕，法國社會面臨着政治、經濟、社會等種種危機。

在此之前，許多法國人出資出力幫助北美洲興起的

知識門

法國大革命：

十八世紀末的法國，封建君主、貴族與平民的矛盾十分尖銳，1789年國王以暴力鎮壓國民，民眾反抗，攻佔了法國專制權力象徵的巴士底監獄，爆發了法國大革命，並於1792年9月21日宣布成立法蘭西共和國。

獨立革命，結果美國取得獨立。第三等級的民眾聽到美國的《獨立宣言》後，有了反抗自己國王的思想準備，而法國的啟蒙思想家早就給了法國人民「自由、平等、博愛」的思想武器，法國大革命的爆發已迫在眉睫。

　　在此危機面前，國王**路易十六**為了解決當時國家極為嚴重的財政問題，被迫同意召開三級會議。三級會議最初的安排是教士、貴族及平民這三個等級，每一級都有一票，這樣第一、第二等級便能聯合否決第三等級的決定。第三等級奮起反抗這種傳統的等級投票規定，要求採取一代表一票的投票方式。路易十六不僅專制地拒絕了這一要求，還下令以暴力對民眾進行鎮壓。暴力鎮壓引爆了蓄勢已久的大革命，敲響了法國君主政體的第一聲喪鐘。一七八九年七月十四日，憤怒的巴黎民眾在炮聲中攻佔了法國專制權的象徵——**巴士底監獄**。

知識門

《獨立宣言》：
由美國獨立建國的倡導人之一杰斐遜於1779年執筆，主張平等、自由、人權和民主，提倡解放奴隸，宣告從英國殖民地的統治下獨立，建立美利堅合眾國。

路易十六：
十八世紀末期的法國國王，於1793年1月21日被革命黨人送上斷頭台。

巴士底監獄：
設在法國首都巴黎的大型監獄，象徵着法國王權專制統治。1789年7月14日被憤怒的民眾攻佔，揭開了法國大革命的序幕。自1979年，7月14日定為法國的國慶日。監獄在大革命期間已被摧毀。

隨炮兵團駐守在奧松城的拿破崙，不願意參加軍隊必然奉命參加的鎮壓行動，於是執意申請休假，回到了故鄉科西嘉。一回到科西嘉，拿破崙就號召家鄉同胞戴上象徵革命的藍、白、紅三色帽徽，表示擁護法國新生的民主政體。

休假結束後返回炮兵團，拿破崙被提升為中尉。不久，他又一次返回家鄉休假，由於超假的時間太長，犯了擅離軍隊的嚴重過失，拿破崙擔心受到懲罰，便像其他犯了同類錯誤的軍官一樣，沒有回到原來的團隊去，而是直接到巴黎去向陸軍部解釋他延長假期的原因。

在巴黎等候陸軍部答覆的期間，正是一七九二年五月，這就使拿破崙成為了這個夏季暴風驟雨般的革命事件的目擊者。

當時法國正處於將奧地利軍隊趕出國境的反侵略戰爭中，法軍缺少大批有經驗的軍官，因此革命政府也不再追究拿破崙超假的過失，還任命他為上尉。一七八九年開始的革命是拿破崙發展自己事業的一個新開端，他十分清楚，只有在這暴風驟雨般的社會大動盪、大變革之中，才有可能充分發揮個人的潛能。因此，當一七九二年九月二十一日國民公會宣布成立法蘭西共和國時，拿破崙更加堅定了自己的選擇，決心為新

誕生的共和國赴湯蹈火。

一七九三年一月二十一日，路易十六被送上了**斷頭台**①。法國革命被歐洲和各主要封建國家視為洪水猛獸，他們聯合起來，準備以武力干涉法國革命，法國國內的**保皇黨**分子則乘機煽起叛亂之火，**普魯士**、奧地利、英國、俄國等國組成第一次反法聯盟，內憂外患嚴重威脅着新生的共和國。

最大的威脅來自叛城土倫，大批保皇分子聚集在這個法國南部港口，依仗英國艦隊的支持，宣布路易十六年僅八歲的兒子為路易十七，大有捲土重來之勢。

以羅伯斯庇爾為領袖的**雅各賓**政權，號召法國人民奮起保衛祖國，並指揮革命軍從陸地上包圍了土倫，準備一舉消滅這支叛軍。

---

① **斷頭台**：西方古代執行斬頭死刑的器具。

知識門

保皇黨：

法國國王路易十六被送上斷頭台後，法國國內一批堅持封建制度，企圖復辟的前朝臣子糾合起來，到處煽起叛亂之火，他們被人稱為保皇黨。

普魯士：

歐洲中北部國家。第二次世界大戰後，普魯士的國土併入蘇聯、波蘭、西德及東德，普魯士正式滅亡。

雅各賓：

雅各賓俱樂部是法國大革命期間最著名和最有影響力的激進派政治組織，是領導大革命的主要團體之一。執政期間，以激烈手段鎮壓並大規模處決了大批反革命分子。

此時，拿破崙被任命為革命軍炮兵首領的助手。他通過觀察地形，發現土倫港有兩道向東延伸出去的岩岬，靠內側的克爾岬把內、外港隔開，其上炮台既可控制內港的出口，又可用炮火威脅英艦，使其在內外港都無法停留，而英艦一旦撤出港外，土倫就不攻自破。

拿破崙向他的同鄉、革命軍的政治領導人薩利切蒂提出了攻打土倫的戰役方案，但可惜沒有被採納。革命軍連續幾天發動攻勢，都沒有奏效，反而遭到了很大的損失。拿破崙再三請戰，最後，他有關奪取制高點攻打土倫的方案終於獲得重視。

拿破崙巧妙地配置炮兵進行突襲攻擊，很快奪下了控制英艦停泊處的制高點，接着向英艦展開猛烈炮轟，完全暴露在法軍炮火下的英艦倉皇逃出土倫港。一七九三年十二月十七日的重大勝利，立即令拿破崙名聲大噪，一舉成名。

「我簡直無法向您形容拿破崙的功勳，」杜紀爾將軍在向巴黎陸軍大臣報告土倫戰役勝利時說，「拿破崙的知識異常豐富，智力極其發達，性格無比堅強，但這還不夠使您對這位非凡的軍官的優秀品質有個最起碼的了解。」

確實，圍攻土倫的整個軍團，都很清楚拿破崙在配

備炮兵、巧妙布置包圍、進行射擊，以及發動總攻取得最後勝利的關鍵性作用。此時的拿破崙，第一次引起了人們的注意，全法國第一次知道了拿破崙這個名字。

杜紀爾將軍熱切地希望陸軍大臣為了共和國的利益重用拿破崙。這位伯樂的真切期望如願以償了，年僅二十四歲的拿破崙，被授予了旅司令官的軍銜。次年，他又被任命為國民軍總司令。

想一想

1. 法國大革命的爆發對拿破崙有何影響？

2. 什麼因素讓拿破崙得以在土倫戰役中獲勝，嶄露頭角？

四 重新崛起的將軍

　　拿破崙在土倫之戰中的卓越表現，使他得以被雅各賓政權任命為意大利軍團的炮兵指揮官。他雄心壯志，決心大幹一番事業，在意大利戰場上取得更大榮譽，實現自己從小就立下的理想。

　　然而，就在他躊躇滿志，努力向更高的目標攀登之際，法國政局卻突然出現了意想不到的逆轉。

　　以羅伯斯庇爾為首的雅各賓政權在戰勝國內封建勢力，將反法聯盟趕出法國後，威望與日俱增。但是，羅伯斯庇爾因此也得罪了不少人，這使他的政權實際上處於被推翻的危險之中。

　　一七九四年七月二十七日（當時法國共和曆二年熱月九日），羅伯斯庇爾的反對者促成國民公會，通過了逮捕羅伯斯庇爾和他的擁護者的決議，並未經審訊便於次日將包括羅伯斯庇爾在內的二十二人處死，雅各賓政權就此結束。

　　「**熱月黨人**」一上台，就在全國追捕舊政權主要負責人的親信和同黨。由於拿破崙是被雅各賓政權任命的

知識門

熱月黨人：

「熱月」是法國大革命時期所採用的共和曆的第十一個月，對應現行公曆7月19日至8月17日。當月，法國一批政客發動政變，推翻了執政的雅各賓政權，後人將這批政客稱之為「熱月黨人」。

將軍，因此亦遭到了打擊，同年八月初，他被逮捕了。

拿破崙極力為自己辯護。由於國民公會負責審查的特派員沒有在他的檔案中發現任何監禁他的理由，在被監禁十四天之後，拿破崙獲准離開監獄。

不過，恢復了自由的拿破崙並沒有再受到意大利軍團的重用，他被冷落一旁，沒有人再像以前那樣尊敬他了。因此，拿破崙決定返回巴黎。

「要在巴黎改變自己的命運。」拿破崙對弟弟說，「在巴黎，一個幹練的政治家，就決定了一個政黨或政府的命運，而在外地，人們只能聽命於擁有最高權力的首都。」

一七九五年是法國歷史上一個決定性的轉折關頭。一批政客在發動革命推翻了專制封建制度以後，又親手推翻了自己最銳利的武器──雅各賓政權，並在政治上開始向右轉。

拿破崙來到巴黎，希望能找到政治出路。但是，他很快就失望了，他所看到的，全都是新貴族們醉生夢

死的種種醜態。沒有人理會他，沒有人重視他，「拿破崙」這個曾經名噪一時的名字，再也沒有人提起了。

身處燈紅酒綠、輕歌曼舞的巴黎，失意的拿破崙卻沒有絲毫的歡樂，他任憑時光流逝卻一事無成，成了一個整天無所事事，只能蹓大街度日的「馬路將軍」。

幸好，機遇又一次來到了拿破崙的面前。同年四五月間，保皇黨人蠢蠢欲動，巴黎出現了新的危機。掌握着三萬叛亂武裝的保皇黨人正積極準備暴動，而曾經殘忍地鎮壓過平民百姓的「熱月黨人」根本不可能指望得到民眾的支持，他們手中僅有五千兵力，況且軍隊也不可靠。

被任命為巴黎武裝部隊總司令的**巴拉斯**，此時正憂心忡忡，保皇黨人的軍隊在幾個小時之後便會發起攻擊，而並非軍人的巴拉斯根本不知道如何去部署軍隊作戰。此時，他多麼需要一個能扭轉局面的將軍啊！

他口袋裏的懷錶告訴他，現在已是葡月①十二日深夜了，情報顯示，保皇黨人的暴動就定在第二天早晨。

知識門

巴拉斯：
「熱月黨」領導集團的主要首領，對拿破崙的發跡起過重大作用，但後來成為拿破崙鞏固政權的絆腳石，被拿破崙趕下台。

---

① **葡月**：法國共和曆的第一個月，對應現行公曆的9月22日至10月21日。

　　巴拉斯焦慮地踱來踱去，對翌日即至的暴動仍然苦無良策。突然，他的腦際閃現出一個年輕人的臉孔，那個穿破灰大衣的、最近幾次找他幫忙找份差事的消瘦小伙子。

　　巴拉斯對這個年輕人的認識並不深，只知道他是一個退職軍官，犯有超假不歸的嚴重過錯，不過據說曾在土倫之戰中顯露過突出的才能，現在在巴黎窮困潦倒，僅此而已。

　　在別無他法的情況下，巴拉斯只好孤注一擲，他下令把拿破崙找來。

　　拿破崙來了，巴拉斯問：「你就是那個在土倫戰役中指揮炮兵打了勝仗的拿破崙？」

　　拿破崙點點頭。

　　巴拉斯又說：「那麼，你是否願意為保衛國民公會的利益効力？你是否有把握把即將發生的保皇黨人的叛亂鎮壓下去？」

　　拿破崙考慮幾分鐘後，對巴拉斯說：「我會竭盡所能完成這一任務，不過我有一個條件，那就是誰也不得干涉我的指揮。」停了停，他又補充說：「等大功告成後，我才會收刀入鞘的。」

　　這位新任命為巴拉斯助手的年輕將軍，無疑是志在

必得的，因為此刻在他的腦海中，已經有了一個完整的行動計劃。這個計劃的最基本內容，就是以重炮對保皇黨人的軍隊施以猛轟濫炸。

幾個鐘頭眨眼間就過去了，到黎明時分，國民議會大廈前的炮衞已經部署完畢。拿破崙再一次充分發揮了他的軍事潛能，巧妙地在制高點部署了火力點，他很自信，這將是法國歷史上的又一次土倫戰役！

天大亮了，保皇黨人的軍隊開始發起進攻。當叛亂者們衝近之際，拿破崙一聲令下，炮彈呼嘯着飛出炮膛，只配備步槍的眾叛軍在聖·羅赫教堂門前血肉橫飛，沒被打死的叛軍潮水般退去，戰場上留下了幾百具屍體。保皇黨人復辟的迷夢，在拿破崙的炮聲中破滅了。

在首都巴黎取得的勝利給拿破崙帶來了遠高於土倫戰役的聲譽。

昨天，將軍還愁容滿面地在街頭踟躕閒逛，今天，他的名字又一次震盪着全法國，成為具有指揮天才、果斷精神和堅強毅力的同義詞。

想一想 😊

1. 拿破崙如何面對逆境？他能再次成功的因素是什麼？

2. 當你遇到困難時，你會如何做呢？

五 愛兵如子的統帥

整個法國社會的各階層，尤其是軍界，此時此刻都已經確認拿破崙是一個最優秀的軍人。曾把他冷漠地擱置一旁的**督政府**[①]執權者，現在也清楚地看見，這把鋒利的「軍刀」在必要時還可以為其所用，指向敵對勢力的騷亂。拿破崙獲破格任命為巴黎**衞戍部隊**[②]司令。

戰爭的**陰霾**[③]布滿了歐洲的上空，無論是當權者還是平民，都清楚地預感到，法國與奧地利、英國、俄國、**撒丁王國**、兩個**西西里王國**和幾個**德意志國家**之間的戰爭即將到來。一七九六年春夏兩季的大廝殺，已經

知識門

撒丁王國：
意大利統一前的一個王國。

西西里王國：
意大利統一以前的一個王國，領土包括意大利半島南部和西西里島，後來分裂成兩個王朝統治。

德意志國家：
指歐洲中部德語區的國家。

[①] **督政府**：法國大革命中於 1795 年 11 月 2 日至 1799 年 10 月 25 日期間掌握法國最高政權的政府。

[②] **衞戍部隊**：負責保衞政府首腦的特別部隊。

[③] **陰霾**：原指天空中烏雲密布，在這裏用來形容政治情況惡劣。

迫在眉睫，而主戰場將在德國的西部和西南部。

督政府專門挑選了全法國最精銳的部隊，由當時公認的法國最傑出的軍事戰略家莫羅將軍率領，展開這次大規模的遠征。

拿破崙再一次顯示了他在軍事戰略方面的出眾才華。他提出了一個別具匠心的新方案：向奧地利及盟國撒丁王國發動進攻以防止反法聯盟的禍水**西漸**[①]，首先得從法國南部進入與法國毗鄰的意大利北部。事後的戰果證明，這個聲東擊西的行動，使奧地利在即將展開的戰爭中分散對德國這個主戰場的注意力。一七九六年二月二十三日，拿破崙被任命為意大利遠征軍總司令，擔任這個戰區的總指揮。

在意大利軍團司令部所在地尼斯，拿破崙檢閱了自己的部隊。剛上任的總司令簡直不敢相信自己的眼睛：毫無紀律、一盤散沙般的部下竟然像一羣土匪。

無論是士兵手中的武器裝備還是後勤供應，都差得不敢令人相信。有人告訴他，那是由於軍需部門的偷盜貪污行為極為猖獗，使吃不飽穿不暖的士兵，在無奈之下不得不到處盜竊和搶劫。因此，軍隊士氣低到極點，

[①] **西漸**：向西面而進。法國位於奧地利和撒丁王國的西面。

開**小差**①者不乏其人，完全是一幫沒有紀律的烏合之眾！拿破崙還聽到軍隊將要**嘩變**②的報告。

　　拿破崙處理棘手問題的方式總是與眾不同的。他開始大刀闊斧地展開了徹底的整頓。那快刀斬亂麻的方法，使軍團內所有資歷比新總司令深得多的將軍們，第一次見識了拿破崙果斷而絲毫不留情面的鐵腕作風。他高度的時間觀念，令幾乎所有的軍官和士兵在開始時都難以跟上以秒為計算單位的節拍。在極短時間之內，整個軍團所有部門都對嚴格時間限制的要求配以有效的行動，誰也不敢再懶懶散散了，工作效率大為改善。軍需官偷盜貪污的現象再也沒出現，而足額的軍餉也發到士兵們的手中。

　　一七九六年四月九日早晨，大軍即將開拔，拿破崙在軍團方陣向全體官兵大聲地説道：「士兵們，現在還不能説你們能吃得飽，穿得暖，現在，我要帶領你們到世界上最富饒的地方去，你們將收穫財富和榮耀。意大利軍團的士兵們，有沒有足夠的勇氣跟我前進？」

　　「有！」軍團的龐大方陣吼聲雷動。

　　這支在一個月之前還是鬆懈散漫、無異於烏合之眾

---

① **開小差**：軍人脱離隊伍私自逃跑。

② **嘩變**：部隊叛變。

的軍隊，經過徹底的整頓，補充了物資裝備，現在，已經變成了一支鬥志昂揚、氣勢如虹的必勝之師。

拿破崙極善於建立、加深和維持自己對士兵心靈的感召和統治。顯而易見，他是一個十分愛護士兵並且得到士兵真誠擁戴的統帥。他在每次重要戰役中都與士兵同甘共苦，在關鍵時刻總是毫不猶豫地衝鋒在前，在最危險之際與士兵站在一起赴湯蹈火，這一切都使他在部隊裏深得人心。

拿破崙每次檢閱部隊時，總是要叫一名副官事先打聽清楚，部隊裏有沒有參加過意大利等戰役的人，問明他的姓名、家鄉、部隊的番號。這樣，在檢閱那一天，他就能在成千名士兵中找到這名老兵，他就會走過去，彷彿認識他似的，稱呼他的姓名，說道：「哦，朋友，原來你在這裏！你是一個勇敢的人，我在阿布基爾見過你。你的父親病好了嗎？怎麼？你還沒有獲得十字勳章？等等，我發給你。」

事後，這名興高采烈的士兵一定會逢人就說：「你們看，總司令認識我，他一定也認識大家，知道我們打過什麼仗，在哪裏服軍役！」這對士兵們是多麼大的鼓舞啊，他們相信，他們只要在戰場上表現英勇頑強，一定也能像繆勒和內埃那些出身下層平民的軍官一樣當上

帝國元帥！

士兵們通常會親昵地稱自己的統帥為「小伍長」，他已經成為一種精神的化身，一種力量的源泉，這種概念已經深入到每一個士兵的心中。

拿破崙深深知道，把士兵當成自己的兄弟，像家人那樣愛護他們、保護他們，他們才會忠實地跟着自己去戰鬥、去拚命。有了這樣的隊伍，再加上有一個精明能幹的指揮官，如果能洞悉戰場態勢，實施正確的戰略戰術，那麼，將是戰無不勝的。

拿破崙被委任為巴黎衞戍部隊司令之後不久，就認識了巴黎社交界有名的美人約瑟芬。拿破崙喜歡約瑟芬的美麗大方，約瑟芬崇拜拿破崙的年輕有為，而巴拉斯也有意從旁促成二人的戀情，拿破崙終鼓起勇氣向約瑟芬求婚了。

一七九六年三月九日，婚禮舉行了，兩天之後，拿破崙就告別了妻子，登上驛車趕往意大利軍團司令部，因為他接到了遠征意大利的命令。這個傳統的科西嘉人，對事業的追求始終是第一位的、永不停止的，他永遠不會讓溫情去主宰自己。

想一想

1. 拿破崙如何治軍？

2. 士兵們為什麼稱拿破崙為「小伍長」？
   從這稱號裏你覺得拿破崙是一個怎樣的
   人？

六 運動戰大獲全勝

一七九六年四月九日，拿破崙率領南路大軍越過**阿爾卑斯山脈**，冒着英國艦隊猛烈的炮火，沿着阿爾卑斯沿海山脈有名的「海邊天險」前進。沿途所向披靡，前進路上所有的奧地利和撒丁王國軍隊統統不堪一擊，連續作戰的法軍六天取得六次勝利，戰戰告捷，勢如破竹。

五月十日，拿破崙已逼進到了阿達河畔，前面是奧軍重兵嚴密把守的洛迪防線。當猛烈的炮火延伸之際，拿破崙的身影竟然出現在衝鋒隊伍的最前列。二十門奧軍的大炮以密集的火力封鎖了橋頭，拿破崙身先士卒，親自帶着擲彈兵向前猛衝，他的身影在炮火的紅光中閃現，在橫飛的彈片之間跳躍。有總司令在前面冒死開路，後面的官兵誰也不敢怠慢，前仆後繼，英勇向前，一個衝擊就拿下了大橋。奧軍丟下

知識門

阿爾卑斯山脈：位於歐洲南部的一條大山脈，西起法國東南部的尼斯，經瑞士和德國南部、意大利北部，東到奧地利的維也納。山脈長一千二百公里，寬一百至三百公里，總面積約四千平方公里，平均海拔三千米左右，萊茵河、羅訥河、波河等均發源於此。

二千傷亡的士兵和十五門大炮潰退了。

五天後，拿破崙率軍進入了意大利的米蘭，督政府收到來自意大利軍團「**侖巴第**①現在已屬於法蘭西共和國」的報告。里沃諾、布洛爾、摩納哥、托斯卡那，相繼拜倒在法軍腳下，一夜之間，「自由、平等、博愛」被銘刻在這些城市所有高大的建築物上。拿破崙一路高唱凱歌，將奧軍打得落花流水。

在一七九六年和一七九七年初的這段時間裏，法國其他一些將軍們在萊茵河上多次被奧軍擊敗，並再三向本土要求供給物資；而拿破崙的軍團卻將千百萬的金幣、馬匹、藝術珍品——這些意大利的財富源源不斷地運往巴黎。他們佔領了整個意大利，進行了十四次大戰和七十次戰鬥，接連消滅了五支奧地利精銳部隊，迫使奧國屈尊求和。

此期間，拿破崙也曾遇到過來自陣營內部的麻煩：

法國政府的幾名督政府高官認為這位將領太能幹了，於是提出要將意大利軍團一分為二，一部分由政府派來的另一位將軍指揮。拿破崙怒不可遏，親自寫信向巴黎申述，無人能與之抗衡。政府沉默了，修剪鷹翼的

---

① **侖巴第**：位於阿爾卑斯山的一個意大利北部地區。

計劃至此成為一張廢紙,拿破崙仍是獨當一面的總司令。

一七九七年初春,奧軍在一系列戰役中敗在拿破崙的手下,意大利軍團在拿破崙的指揮下閃電般逼進,歐洲封建君主們則惶惶不可終日,拿破崙的名字威震全歐,對於他的所有敵人來說,拿破崙簡直就是一個「戰爭的瘋子」。

年輕的拿破崙只用了一年的時間,就打了大小六十五次勝仗,俘虜敵軍十六萬人。一連串戰役的勝利顯示了拿破崙用兵如神,他的這些戰略戰術原則至今仍然為許多著名的軍事家所推崇,例如「集中優勢兵力打殲滅戰」、「各個擊破」、「速戰速決」等。

拿破崙也極善於把政治和軍事聯結成一個不可分割的整體,以戰場上的節節勝利為籌碼,迫使敵方接受條件苛刻的停戰協定及最後和約。這也為後世許多傑出政治家、軍事家所引用。

一七九七年四月,奧皇請求議和,在距奧地利維也納二百公里外的累歐本,意大利軍團總司令在停戰協定書上簽下了「拿破崙」三個大字。這不僅僅是一紙停戰協定,拿破崙在簽訂和約中表現的外交才幹,深令諳熟外交手腕的奧國談判代表科本茨感到困惑和無奈,他向

本國政府抱怨説：「很少碰到像拿破崙這樣的詭辯家，他簡直就是一個狂野的戰爭瘋子！」

一七九七年十月十七日簽訂的《坎波福米奧和約》，確認拿破崙在停戰協定中所堅持的一切，不論是在已被戰勝的意大利，還是在奧地利軍根本未被法軍戰勝的德意志，拿破崙的要求均在地圖上得以確認。

拿破崙在意大利掠奪性的勝利，使法國國庫財源廣進，儲備陡增，位居權要的法國政府官員們因此增添了許多業餘愛好，當他們輪流互訪觀看同僚那些奢華的來自意大利的珍寶時，自然不忘在功勞簿上一次又一次地寫上了拿破崙的名字。

即使在意大利軍團節節勝利的進軍途中，甚至軍務最緊急之際，拿破崙的眼睛也沒有離開過巴黎，因為他已經預感到，法蘭西共和國又在危險之中。

一七九七年夏，巴黎的保皇黨人又在策劃推翻督政府了，這次他們組織得很好，又有來自國內外各種反對派勢力的支援，國家最高立法機關**五百人院**的局部選舉，每一次都是右翼反對派或保皇分子佔顯赫優勢。

巴拉斯等人開始感到不安，因為曾是同一戰線的皮

知識門

五百人院：
十八世紀末法國的立法機構，由五百人組成。

什格魯將軍，現在已經站到反對派一邊去了，而他是五百人院的主席。拿破崙從一名將軍信使所攜帶的一批文件中，截獲了一名保皇黨伯爵給一位將軍的密信，信中顯示皮什格魯將軍正與現代親王的代表進行秘密談判。

巴拉斯等督政府決策人物收到拿破崙送給他們的這件證實皮什格魯背叛共和國的罪證之後，大吃一驚，急謀對策。拿破崙派出他的得力幹將奧熱羅將軍火速趕回巴黎支援危在旦夕的督政府，還帶去三百萬金法朗的財政支持。

正是由於有了拿破崙強而有力的支持，保皇黨人於一七九七年九月四日發動的第二次復辟事變被粉碎了。

一七九七年十二月七日，拿破崙班師回朝。督政府全體成員在盧森堡宮前舉行了歡迎大會，暴風雨般的歡呼聲和掌聲表現出羣眾的激動和狂熱。二十八歲的常勝將軍拿破崙，微笑着接受了這一切。

想一想

1. 請你談談拿破崙打仗取勝的方法。

2. 為什麼督政府的高官提出要把意大利軍團一分為二，派另一位將軍指揮？

七 陷進沙漠的雄獅

拿破崙回到巴黎，被任命為對英作戰軍隊的總司令。

他堅持認為，在英吉利海峽的英國海軍比法國更為強大，因此法國應該進佔**埃及**，在東方製造一個可以進一步威脅英國在印度統治的跳板。這一主張得到督政府的同意，因為埃及等中東各國很久以來就與法國有着廣泛的商業聯繫，而英國已通過侵略印度在東方取得優勢地位，埃及在法國對英戰爭中有着十分重要的戰略意義。

知識門

埃及：

地跨亞、非兩洲，三分之二是沙漠，氣候炎熱，百分之九十是阿拉伯人，信奉伊斯蘭教，境內的蘇伊士運河是最重要的國際通航運河。

督政府的另一個如意算盤是，即使遠征埃及的計劃失敗，讓拿破崙這位拒絕分割兵權、傲慢而不馴服的將軍到遙遠的國度去進行前途未卜的冒險，也實在是一個萬全之策。

事實上，自從拿破崙班師回朝之日起，執政官巴勒、外務大臣特雷蘭等人，就開始在暗地裏進行種種中

傷他的活動。羣眾之中，早已繪聲繪色地傳說着拿破崙在不久的將來，可能會被他的政敵下毒暗殺。

拿破崙也聽說了這些事情，所以在宮殿中所舉行的慶祝宴會上，他對面前的酒菜幾乎都不曾沾口，除非其他的執政官們吃喝過了，否則他是決不肯先動手的。

其實拿破崙也早已厭倦了巴黎的奢靡生活，他整天都躲在房間裏構思着出兵埃及的計劃。

拿破崙表現出比對意戰事初期更令人驚歎的才能。他善於小處見樹枝、大處見森林地權衡，考慮最重大、最困難的措施，而絲毫沒有顧此失彼。他能知人善任，深知將領中哪些人勇敢堅強，哪些人聰明機靈，他們是一個一個地被拿破崙精心選拔出來組成遠征兵團的。遠征軍中甚至還有科技人員和渴望探索埃及藝術和文學寶庫的法國學者們。

一七九八年五月十九日，法國艦隊終於在土倫港揚帆出海，沿地中海東岸經馬爾他島前往埃及。

七月一日，拿破崙率軍在亞歷山大港登陸，進攻雖然遭到頑強的抵抗，但數小時即破城。十九日，晨曦中隱約的**開羅**[①]清真寺尖塔、**金字塔**巨大的塔身已在拿破

[①] **開羅**：埃及首都。

崙的視野中了，他容光煥發，擎劍縱馬，高聲鼓勵將士：「士兵們，四千年的歷史從金字塔上面看着你們……」法軍勢不可擋，埃及軍隊一敗塗地，血流成河。

拿破崙攻佔開羅後，依靠阿拉伯商人和土地佔有者在埃及建立起新的政治制度。新建立的政府組織機構、正規的財稅制度、警察制度等，保證了埃及的軍事獨裁統治。隨軍進入埃及的技術人員和學者也開始了工作。

法國對埃及的佔領並不鞏固，壞消息不時傳來：

海上的法國艦隊在與英國的納爾遜艦隊的惡戰中幾乎全軍覆沒，切斷了遠征軍與法國本土的交通聯繫，而**土耳其**政府認為法軍染指其屬地是一種恥辱，已派軍前往敍利亞，準備從法軍手中奪回埃及。

拿破崙決定主動出擊土耳其。一七九九年二月十日，一萬四千名法國士兵在拿破崙率領下出發了，他們懷着必勝的信心踏上征途，卻萬萬沒想到此次征戰卻是

知識門

金字塔：

用石頭建成的方錐體建築，遠看像漢字的「金」字，因而得名。埃及金字塔是古代帝王的陵墓。位於開羅西南部的吉薩金字塔羣，在1979年列入聯合國教科文組織世界遺產名錄，其中最大最高的古夫金字塔是古代世界七大奇跡之一。

土耳其：

地跨亞、歐兩洲，東南部同伊拉克、伊朗、敍利亞等接壤，埃及當時是土耳其的屬地。

一場惡夢。

　　沿途不斷有城市向法投降。三月四日，兵臨雅法城下，由於守軍拒絕投降，攻陷雅法城後，憤怒的佔領者竟喪失理智地進行了屠城暴行，四千多名投降了的土耳其士兵被慘無人道地集體槍殺，血水染紅了海岸。

　　大概是一種報應吧，就在雅法屠城之後不久，法軍圍攻阿克城兩月之久無法突破，士兵中卻暴發了來勢洶洶的瘟疫。幾天之內，七八千名士兵先後病倒，完全喪失戰鬥能力。五月二十日，拿破崙不得不下令撤兵。

　　烈日當頭，黃沙漫漫，潰不成軍的拿破崙軍隊走向西邊的基地。所有的車和馬匹都被騰出來運送傷病員，包括總司令本人的坐騎。一名侍衛見拿破崙走得疲憊了，於是牽馬請他騎，結果受到嚴勵的責斥：「把車馬讓給傷病員，這命令是我下的，難道你要讓我自己去破壞嗎？」

　　這支疲憊的軍隊在沙漠中緩慢地前進着，似乎已經走了很久，但擺在面前的仍然是一大片大海似的沙漠，像是永遠走不完似的。馬匹全都載滿了傷病官兵，因此找不出一匹多餘的馬來替他們馱那些沉重的武器，許多曾經威震全歐的大炮，也不得不一件件拆下來，丟棄在荒漠上。

經歷了無數艱辛，他們終於回到了開羅。拿破崙為了維護法軍的聲譽，只得發表了一篇虛假的文告：「遠征敍利亞已告成功，達卡目前已成為荒墟了。」

想一想

1. 拿破崙是一個好的總司令嗎？談談你的看法。

2. 為什麼拿破崙軍隊會在敍利亞戰役中失敗？

八 險中求勝的總司令

回到開羅的法軍，在經過一段時間的休養之後，慢慢恢復了元氣。就在拿破崙又在構思下一步行動計劃的時候，土耳其軍開始了進攻埃及亞歷山大城的行動，這給拿破崙帶來了重振軍威的機會。拿破崙一直為自己對埃及人說謊而耿耿於懷，他決心打好這一仗，以一洗前恥。

土耳其軍在海上有英國艦隊的支援，陸上軍隊又慓悍，因此要想打敗他們，實在是一件相當困難的事情。拿破崙整整花了三天三夜，不眠不休地思考破敵的方案，終於想出了一條妙計。

當戰事展開之後，法軍依照拿破崙的部署，巧妙地出擊，勇戰之下，一萬七千多名土耳其軍竟慘遭敗北，僅是跳進**尼羅河**逃走而被淹死的就有六千多人，大批土耳其軍束手就擒，全軍覆沒。拿破崙的軍威重振，連一向瞧不起他的英軍都對他產生了

知識門

尼羅河：

位於非洲東北部，長6,853公里，是世界最長河流。它在埃及開羅以北形成巨大的三角洲，注入地中海。埃及古文明便是在尼羅河流域形成的。

畏懼之感。

可是，在長期被切斷與本國間的聯繫後，拿破崙對歐洲的形勢茫無所知，因此心中時刻都有一種不安的感覺。他終於抑制不住內心的疑慮，找了個恰當的時機和英國艦隊締結了停戰和約。英軍對拿破崙正感到頭痛，於是爽快地答應了這個提議。

七月的一天，拿破崙設法從英國軍艦上弄來一張法國報紙，這份舊報紙中一則消息證實了拿破崙的擔心：

法國政府正為內亂所困，而對外作戰則連連失敗。就在拿破崙遠征埃及期間，奧、英、俄和**那不勒斯王國**再次掀起對法戰爭，大舉進攻意大利，擊潰了法軍，拿破崙攻下來的意大利再度丟失，拿破崙建立的西沙爾平共和國也被消滅，法國邊境又在嚴峻的威脅之下。而在法國國內，到處都是混亂不堪，以至於接近解體，督政府對時局一籌莫展。

知識門

那不勒斯王國：
意大利統一以前的一個王國，位於意大利半島南部。

拿破崙震怒了：「這羣笨蛋！竟然把我的一切努力成果全弄丟了！不行，絕對不行！」

他對手下的將領們說：「法國的命運太令人擔憂了！」拿破崙歎道，「如果再不想辦法，我們不但完成

不了征服亞洲的大計劃，恐怕連法國也回不去了！」

眾將軍一聽之下，個個惶恐萬分。

拿破崙緊皺着眉頭沉思了許久，然後問甘頓中將：「我們現在還剩下多少艘軍艦？」

「在阿布吉爾一戰後，原先的三百多艘軍艦，現在只剩下繆隆號和凱來爾號兩艘了。」

「好，就這樣決定了！」拿破崙說，「我要突圍出去，回法國！」

一時間，將軍們詫異地面面相覷，不待他們開口，拿破崙先說話了：「是的，別人會說拿破崙是卑鄙的臨陣脫逃者，我也考慮過了。不過，我不能只顧自己的名聲而對法國的安危不管。除了我之外，現在還有誰能夠拯救法國？至於危險，不錯，以僅有的兩艘船硬闖英軍艦隊的鬼門關，確實非常危險。但是你們難道還不知道我『險中求勝』的習慣嗎？事實上，往往越是危險的關頭，才越有爭取勝利的機會。」

將軍們都頻頻點頭，是啊，拿破崙講得句句合情合理。

拿破崙開始部署一切。他帶五百名官兵回法國，其他的人在原地留守。他把全軍的指揮權交給了副將克雷培爾。

八月二十三日，兩艘法國軍艦悄悄地駛出了亞歷山大港，在黑暗中熄滅了全部燈火，向着法國方向駛去。這時的領海權全由英國艦隊控制着，如果被發現，恐怕是凶多吉少。翌晨，埃及早已離開他們的視線，他們的冒險也就開始了。

英艦提督史密斯探知拿破崙乘船離開埃及，立即率艦隊跟蹤而來。他們之間雖然曾經訂有停戰協定，但待機拔掉拿破崙這根眼中釘肉中刺，始終是英國的既定方針。

這是一次多麼危險的航行啊。拿破崙的兩艘戰艦根本不是英國艦隊的對手，因此他唯一的辦法就是鬥智。他們乘着東南方向的風一路來到科西嘉附近，如果這陣風繼續吹下去，他們的船就可能不偏不倚正好碰上英國艦隊。幸好此時風向轉了，吹往東北，兩艘法國軍艦才得以平安地駛進了拿破崙的故鄉阿雅克肖港內。

十月七日，拿破崙率領的兩艘船正向土倫港方向航行，突然在吉埃島外的海面上發現了一支由二十二艘艦船組成的英國艦隊。拿破崙不禁打了一個寒噤。

就在這時，英國艦隊也發現了他們，全速追了上來。船上的士兵們都驚慌得手足無措。甘頓高聲向拿破崙建議道：「將軍，掉頭回到科西嘉去吧！如果再拖

延，我們大家恐怕都得葬身海底了！」

拿破崙並沒有理會甘頓的建議，反而下令道：「繼續全速前進！」

這是一着極之危險而又有可能險中求勝的險棋。拿破崙是以時間作為取勝的籌碼，只要在夕陽西沉之前不被追上，就有逃命的希望。不過若在日落之前進了土倫港，那麼港內就再無可退之路了，英國軍艦要擊沉他們將易如反掌。

當他們來到距離土倫港大約四十海里的海面時，太陽逐漸西沉了。拿破崙笑了，他這時才對甘頓道出了其中的道理：「你想想看，現在夕陽已將下沉，落日正照向英艦前面，他們的望遠鏡在日光的照射下，有可能看得見我們的艦船嗎？他們準以為我們不敢進入土倫港，會判斷我們逃向港外。」

拿破崙真是料事如神，英軍艦隊在無法用望遠鏡觀察的情況下，真的判斷拿破崙不敢進港，便一直向港外追去，為了追趕無影無蹤的兩艘法國艦船，他們幾乎駛遍了整個地中海。但那兩艘船卻似乎在人間蒸發了。拿破崙又一次贏得了勝利。

想一想

1. 為什麼拿破崙要冒險從埃及返回法國？以當時的情勢，這是否一項必要的行動？

2. 你如何評價拿破崙這一着險中求勝的險棋？

九 法蘭西最高統治者

一七九九年十月九日，在避開地中海英艦，與風浪和危險搏鬥了四十多天之後，拿破崙一行在法國南部的弗雷尼斯小鎮附近登陸。從小鎮到巴黎，拿破崙一路受到人民的夾道歡迎。

「拿破崙回來了！」這消息立刻傳遍了整個歐洲。「這下好了，拿破崙一回來，和平就有望了！」

大家都早已厭倦了戰爭，希望拿破崙回來立即着手整頓這個危機四伏的局面。自從大革命以來，十年間政治家們只顧着爭權奪利，根本沒有時間去理會國民的生計，物價高漲，苛捐雜稅繁多，民不聊生，而督政府卻一籌莫展。在它統治的八年中，已經向人民證明了它的無能和腐敗，它已聲名狼藉了。在這樣的形勢下，拿破崙自然成為人民心目中唯一的希望。

十月十六日，拿破崙到達巴黎。 個計劃正在拿破崙的腦海裏形成，而促使他產生這種想法的是他的親朋好友。

「是時候了，哥哥！」拿破崙二十四歲的親弟弟、

下議院中極活躍的新進議員盧西安說，「為了法國的前途，現在應該由您來代替那無能的督政府執政！」

「政變？」拿破崙問，「你是讓我發動政變，來取代督政府？」

「難道還有別的什麼辦法嗎？」回答的是約瑟夫，他是拿破崙的長兄。

拿破崙的妻子約瑟芬，也發揮了她的外交手腕，說服許多政要來跟他們合作。

此外，拿破崙的一批親友，包括老練的外交家特雷蘭、警務大臣福熙、執政官杜果、呂克雷將軍、繆勒將軍等，都先後參加了他們的陣營。一時間，位於勝利大道的拿破崙官邸每天都出現絡繹不絕的訪客，其中包括軍隊將領、金融界人士、政府官員等，許多人都渴望拿破崙能站出來主持大局。

當然，在這些人當中不乏投機分子，就連在法國政壇上總是出賣自己主子的塔列朗和慣於玩弄陰謀的警察總監富歇也來了。

拿破崙的部下，如參謀長貝爾將軍、步兵指揮官蘭奴將軍、指揮官馬爾蒙將軍，還有騎兵指揮官謝巴斯強將軍等，在這次關係到法國命運的重大社會改革運動中都發揮了積極的作用。

在督政府的五名督政官中，需要認真對付的只有西哀耶斯和巴拉斯，其他三位向來沒有什麼獨立見解，是不足慮的。拿破崙發跡之初，巴拉斯幫過他不少忙，但拿破崙心裏非常清楚，巴拉斯是絕對不能用的，因為他的為人及政治作風使他臭名遠揚，成了督政府腐敗罪惡和瓦解的象徵，若用他的話，無疑會玷污新政權的名聲。

而以《什麼是第三等級》一書在革命初期名聲大噪的西哀耶斯，聲譽不算太壞，他的督政官的身分對於政變過程無疑會提供一個「合法」的形式，至少在一段時間內他是有用的。於是，拿破崙設法與西哀耶斯會面並結成臨時聯盟。

出於對拿破崙的敬畏，五百人院推選了拿破崙的弟弟盧西安為主席。在最後時刻，與督政府陸軍部長貝爾納多特進行了直接談判，讓他也勉強加入了拿破崙的政變行列。

一七九九年十一月九日，亦即是「**霧月**①」十八日，政變按預定計劃展開了。這大早晨，元老院在杜伊勒里宮開會，議員科爾涅無中生有地説，有一個「雅各賓陰

---

① **霧月**：法國共和曆的第二個月，對應公曆的 10 月 22 日至 11 月 20 日。

謀」正威脅共和國安全。於是元老院通過決定，將元老院和五百人院的開會地點遷往巴黎郊外的聖克魯宮，並任命拿破崙為負責對付「叛亂」的首都地區武裝部隊司令。就這樣，拿破崙掌握了對巴黎的控制權。

「變色龍」塔列朗擔負了「說服」巴拉斯立即交出政權的使命。在百般無奈之下，巴拉斯被迫發表了退職聲明，在騎兵的護送下前往自己的領地，臨別時他不無自嘲地說：「非常高興回到普通公民的行列。」

國家最高執行機構易主相當快捷，但要推翻立法機關卻不是先前預料的那樣順利。霧月十九日，拿破崙的軍隊包圍了正在開會的元老院和五百人院會場，拿破崙走進會場，要求議員們宣布將國家的所有權力交給自己。

「打倒暴君！」、「打倒獨裁者！」……混亂的叫喊聲在會場內響起，反對拿破崙的議員們更憤怒地揮動拳頭，把他打倒在地。

士兵們在繆勒將軍的指揮下衝進會場，救出拿破崙，並開始對不服從命令的議員使用武力。在刺刀的威脅下，被捉回來的二十多個議員被迫以五百人院的名義宣布將國家的所有權力，交給以拿破崙為首的三位臨時執政官，並通過了解散議會的決定。接着，元老院未經

討論就發布了同樣的法令。深夜兩點鐘,拿破崙、西哀耶斯、杜果三位新執政官宣誓就職。

就這樣,當時剛滿三十歲的拿破崙終於如願以償。

從在法國海岸登陸到成為法國的最高統治者,拿破崙只用了三十天。政變一個月後,依照新主宰的意志而擬訂的法蘭西共和國八年憲法公布了。按照規定,執政任期十年,第一執政官享有全權,第二、第三執政官只有評議權。

一八○○年初舉行了公民投票,法國人民以壓倒多數的贊成票接受了新憲法。同年二月七日,法國第一執政官拿破崙乘坐六匹馬拉的豪華馬車,前呼後擁地進入杜伊勒里宮。從此,這座著名王宮的新主人,成了歐洲大國的統治者,並維持最高權力十五年之久。

想一想

1. 拿破崙為什麼要發動政變?

2. 為什麼民眾希望拿破崙執政?

十 成就卓越的政治家

督政府留下的是一個令人沮喪、憂慮的爛攤子：國內盜賊橫行，百業凋零，民不聊生；國外強敵壓境，國家安全受到嚴重威脅。

「革命的浪漫史已經結束，現在需要切實可行的原則。」拿破崙宣布說。在他看來，進行統治的全部秘密就在於知道在適宜的時候扮演「狐狸」或「獅子」的不同角色。他說：「我喜歡權力，就像一位樂師喜歡他的提琴。」事實上，拿破崙對權力的運用，真的是得心應手的，後來的事實證明，他果然是一位成功的青年政治家。

拿破崙夜以繼日地讓他的國家機器保持良好的運轉，以便有效地加強權力、控制全國。雖然他可以獨自決定一切國家大事，但擅長用人的他深明知人善任的道埋，臨時執政官西哀耶斯和杜果被安置在元老院任職，康巴塞雷斯和勒布倫成為新政權的第二、第三執政官。曾經積極參與政變的人物都如願以償，擔任了新的官職。

　　短期之內，他建立起了最能適應專制君主制度、權力集中制的國家機構，取消了地方自治機構，要求地方絕對服從中央。在改革稅制、整頓財政、改組法院、統一法制、選拔人才、淘汰冗員、懲治貪官、打擊犯罪等方面，拿破崙採取了一系列新措施，逐漸形成了一個意志統一、高效能的近代資產階級政府，那紊亂的法國政治糾紛也逐漸平靜下來。

　　拿破崙新設了警務部和巴黎警察總署，嚴格執法，力求把一切陰謀和不軌行為都消滅在萌芽狀態，以保證新體制有一個能夠完全發揮效能的和平環境。在執政府統治開始半年後，法國境內猖獗的犯罪活動已告肅清。

　　拿破崙對死心塌地的保皇黨分子予以堅決的武裝鎮壓，但又宣布凡效忠新政權、放棄對抗者即可獲得赦免。這一軟硬兼施的政治手段，使保皇黨分子的公開叛亂得以平息，數以萬計的流亡者陸續回國，國內局勢更加穩定。

　　拿破崙堅信「誰擁有強大的軍隊，誰就是正確的」。他一邊進行內政方面的調整改革，一邊大量地擴充軍隊，加強訓練，使軍隊處於戒備狀態，在軍隊中確立他個人的至高權威。

　　在這一段時間裏，拿破崙施行了很多改革，被後

人稱為《拿破崙法典》的那部有名的民法，就是在這個時期內編成的。這部法典共二千二百八十一條。它制定了一系列關於保護財產的制度，如保護私有財產不受侵犯；穩定小農土地所有制，保證農民利用自己的小塊土地；規定公民的「平等」和「契約自由」等。

《拿破崙法典》在當時算得上是一部極開明的法典，後來成為許多國家制定法律的藍本，對其立法有很大影響。

拿破崙在他生命的最後歲月中曾說：「我真正的光榮並非打了四十次勝仗，有一樣東西是不會讓世人忘記的，它將永垂不朽，那就是我的《民法典》！」無疑，這部法典是世界法制史上一部不朽的文獻。

年久失修的橋樑重新建起來了，新的道路很快鋪建好了。教會裏的大鐘，許久以來第一次發出悅耳的響聲，法國的田園又恢復了從前的和平與寧靜。法國人在喝酒的時候，總是不忘附帶着同一句話：「讓我們為執政官拿破崙的健康乾杯！」

拿破崙以非凡的精力和智慧解決了國內一系列重大的難題後，跟着解決國外問題。他深知，奧地利、英國、俄國和土耳其等國家會再次組成反法聯盟，這威脅到法蘭西存亡和自己掌權時間的長久。當和平的外交途

徑被傲慢的英國人拒絕之後，拿破崙別無選擇，只有再進行戰爭這一條路了。他只有打幾場勝仗，才能向敵人和自己的人民顯示出新政府的強大。

為了法國，拿破崙不得不再一次披甲上戰場了。

要徹底打垮強大的奧軍，最好的辦法就是攻其不備。拿破崙決定率軍翻越阿爾卑斯山脈，一舉攻入倫巴底，趁着奧軍末加防範的時候擊潰他們。這又是一個非常冒險的作戰計劃。

一八〇〇年五月，拿破崙命令十五萬大軍兵分四路，當他們穿越險峻嚴寒的聖貝爾納山口時，附近寺院中的僧侶見法軍仿似從天而降，詫異得説不出話來。更吃驚的是奧軍，奧軍總司令聽到拿破崙的軍隊來到的消息時，大驚失色，他一直以為拿破崙還在巴黎呢。

六月十四日，在歷史上有名的馬連戈平原之役爆發了。奧軍仗着人多勢眾和彈藥充足，以六倍於法軍的大炮火力反擊進攻的法軍，使突襲的法軍開始潰退。眼看士兵四散逃命，拿破崙不得不下令他一向最重視的衛隊投入戰鬥。「一切都靠你們了，努力啊！」他大聲地對士兵們喊道。

就在衛隊投入與強大的奧軍進行最後的殊死肉搏之際，拿破崙發現後方揚起了一片沙塵，啊，是杜西將軍

率領的六千援兵趕來了！

敵人潰退了，四散的法國士兵重新聚攏起來，在拿破崙的指揮下，猛虎一般撲向敵陣。

奧軍的一百門大炮勉強發揮餘威，炮彈在法軍中不斷爆炸，但仍阻擋不住他們的進攻。不幸的是，一發炮彈落在正在前線指揮作戰的杜西將軍的跟前，杜西中彈落馬，當場壯烈犧牲。

「杜西！」拿破崙悲痛地呼喊着他的名字，狂怒地抽出軍刀，大喊：「為杜西將軍復仇啊，殺他個片甲不留！」

杜西的死使法國士兵們更加勇猛，他們拚命地向敵人衝擊，直至從馬連戈平原上趕走了奧軍最後的一兵一卒。

夜幕降臨，拿破崙慢慢地下了馬，跪在地上，閉目痛悼杜西將軍以及陣亡的士兵，他那撲滿沙塵的臉上，流下了兩行英雄淚。

馬連戈之役的捷報傳到法國後，拿破崙的名望更高了。當大軍凱旋歸來的時候，歡聲雷動。

拿破崙在馬車裏注視着狂熱的人潮，心中忽然浮起了一個意念：「在我的字典裏，將不會有『不可能』這個字眼！」

征服全世界的夢想，也許就從這時候開始佔據他整個的心。

想一想

1. 拿破崙創立的民法有何重大意義？

2. 你認為一個卓越的政治家，要有什麼素質？拿破崙能達到你的標準嗎？

十一 走向反面的獨裁者

拿破崙就任第一執政官後的建樹，使他深深贏得了法國的民心，國民都希望他能終身擔任這個職務。這時，他在法國人心目中的地位已經與國王沒有什麼兩樣了。

他開始就是否恢復君主制的問題向身邊的人商量，不少人贊成他恢復君主制：「法國目前由於您健在才能稱霸歐洲，但萬一您百年歸老，法國一定會立刻捲入內亂外患的漩渦之中，只有藉助根深蒂固的王室，才能夠防止內亂和外患。」

這種勸説使拿破崙暗下決心：為了法國將來的和平與穩定，我還是擔任國王為好。

這個決心後來越來越堅定，還因為他的敵人正在積極進行暗殺他的活動。他已經一連遭遇過好幾次暗殺了，不過幸運之神總是偏護拿破崙，每一次他都躲過了災難，炸彈碎片一次又一次擦身飛過，卻始終沒有傷及他的一根毫毛。

反對他登基為王的也有不少人，不過拿破崙心意已

決，再也沒有人能夠改變他的主意了，何況，大半法國人現在都贊成他當國王呢！

一八〇二年二月，議院作出「全民決定」，拿破崙被宣布為法蘭西共和國的「終身執政」。顯然，法國已成為專制君主國家，法蘭西仍有共和國的頭銜，但政權的性質已是軍事獨裁。

一八〇四年五月十八日，拿破崙登基成為皇帝，號稱「拿破崙一世」，並在同年的十二月二日接受加冕。在加冕禮上，出現了這樣一個奇特的場面：在巴黎聖母院大教堂裏數不清的人羣面前，從梵蒂岡趕來的教皇拿起皇冠，剛想給拿破崙戴上，卻被拿破崙一把奪了過去，自己戴在頭上。據後世的歷史學家分析，拿破崙這樣做，是因為他認為他的皇權是自己憑藉寶劍取得的，並非由神賦予他的。

就在他興高采烈地聽着人們高呼「皇帝陛下萬歲」之際，拿破崙的母親列蒂契婭卻獨自在一旁心事重重。她深深地歎了一口氣，愁容滿面地望着當了國王的兒子，她明白，雖然拿破崙坐上了國王寶座，但他的命運不會永遠留在巔峯上的，也許，他很快就會開始慢慢走下坡路了。

拿破崙即位稱帝的消息傳開，歐洲列強對他更有戒

心了，不斷加強對法國的壓力。尤其是英國，三番五次派出刺客，企圖暗殺拿破崙。

「英國真是我的終身之敵啊！」每當拿破崙面對地圖，他總是這樣自言自語着。即位不久，他就秘密地召集將軍們共商對付英國的辦法。

「我從兩年前就開始草擬一個計劃了，」拿破崙説，「我打算從全國徵集大量船隻，組成一個二千三百六十五艘船的大型艦隊，裝載十六萬軍隊，一萬匹馬，以及六百五十門大炮。只要設法渡過多佛爾海峽，英國的陸軍根本就不足懼了。」

將軍們的反應是目瞪口呆，萬一計劃失敗，多佛爾海峽將會堆滿法軍士兵的屍體啊！

拿破崙根本不理會將軍們的苦心勸諫，計劃開始密鑼緊鼓地進行。幸好就在他下令進攻英國的前夕，突變的形勢使他不得不改變計劃。

英政府用重金向盟國懸賞：派出十萬士兵每年可獲一百二十五萬英鎊。奧地利與俄國於是組成聯軍，向法國邊境推進。

拿破崙率軍迎戰，當十八萬法軍突然出現在**多瑙河**岸邊奧軍的前面時，奧軍司令竟毫無應敵之策，八萬奧軍唯有舉手投降。二十天後，拿破崙已經住在維也納奧

多瑙河：

歐洲第二大河，發源
於德國南部，向東流
經奧地利、捷克、匈
牙利、羅馬尼亞等
國，注入黑海，全長
2,857公里，是中歐和
東南歐的重要國際航
道。

地利王宮中了。

第三次反法聯盟的最後希望，全
都寄託在俄軍身上了。俄皇亞歷山大
則把希望寄予普魯士加入聯盟這一點
上。然而，所有的希望全都落空了，
拿破崙決定在普軍到來之前就展開與
俄軍的決戰。一八〇五年十二月二
日，正是拿破崙加冕周年紀念日，俄
奧聯軍遭到慘敗，法國將軍們像時鐘一樣準確地執行拿
破崙的命令，讓俄奧聯軍不斷地鑽進預先設好的圈套之
中。俄奧聯軍遭到毀滅性的打擊，退至結冰湖面上的士
兵因冰層塌陷而葬身湖底。

第三次反法聯盟迅速瓦解了。

這時，不可一世的法國皇帝拿破崙改變了許多國家
的歷史：

以法國皇帝的名義及旨意，拿破崙成為意大利國
王、新組成的萊茵聯邦的「保護人」，御兄約瑟夫是那
不勒斯王國的首腦，御弟路易是荷蘭國王……，至一八
〇六年底奧皇弗蘭茨被迫取消德意志皇帝稱號，有近千
年歷史的**神聖羅馬帝國**，在拿破崙的權威下，從此壽終
正寢了。

拿破崙率領法國軍隊直搗普魯士首都柏林，接着又進軍波蘭。從一八〇七年二月至六月，俄法兩軍在俄境進行了一連串殊死的決戰。拿破崙總是出現在戰況最激烈的前線，士兵也個個奮勇殺敵。「誰不想當元帥，誰就不是個好士兵！」這句軍旅名言，就是從這時開始流傳下來的。

知識門

神聖羅馬帝國：西歐和中歐的封建君主制帝國，以德意志地區為核心版圖。在歷史上，它大部分時間都是由承認神聖羅馬皇帝為最高權威的親王國、公國、侯國和帝國城市等組成的政治體。

六月二十五日，法、俄兩國皇帝舉行了會晤，《提爾西特和約》在談判後簽署，普俄之間新立了一個由法國附庸薩克森國王兼任大公的華沙大公國，易北河以西的普魯士領土被劃入新成立的威斯特伐利亞王國，拿破崙之弟熱羅姆任國王。原來是反法聯盟重要成員國的俄國，現在變成了法國的同盟國。

第四次反法聯盟又失敗了，法國皇帝拿破崙更上昇到歐洲大陸獨裁者的地位。法國到處都在大興土木，奉命興建的紀念碑、廣場、塑像、凱旋門，更充分顯示皇帝的勝利和榮耀。這是拿破崙的全盛時期，他終於建立了橫跨歐洲的大帝國。

一八〇九年春，英奧等國組成第五次反法聯盟，奧地利出動十幾萬大軍向法國宣戰，法軍反擊，五天

中取得了五次血戰的勝利，但代價是一萬二千名法國士兵血染沙場，拿破崙的愛將拉納元帥被炮彈炸斷雙腿，死在拿破崙的懷中。奧皇請求休戰議和，法軍以勝利者的姿態進入維也納，並於十月十四日簽訂了《維也納和約》。奧地利帝國大大減少了自己的領土，失去了通向海洋的全部通道，並向法國支付巨額賠款。第五次反法聯盟又破產了。

法蘭西帝國日益強大，但有一件事卻日漸困擾着拿破崙，和約瑟芬結婚十四年，一直沒生下一個可繼承皇位的皇子。拿破崙常常長吁短歎：「我創下的一切都留給誰呢？」

對約瑟芬那份多年的夫妻情分，使他難以抉擇，但那種日益膨脹的權力慾，使他最後下了決心，他硬着心腸向約瑟芬說：「帝國的利益需要你我解除婚約，政治是不講感情的。」皇后悲淚橫流以至於暈倒在地，但再也不能打動拿破崙的心。

一八○九年十二月十四日，杜伊勒里宮燈火輝煌，面色蒼白的約瑟芬甚至不能完整地宣讀放棄皇后王冠的聲明。她一步一回頭地離開皇宮，登上馬車駛向巴黎西郊的馬爾梅松。

一八一○年四月二日，拿破崙和奧地利公主瑪麗·

路易絲結婚了，次年，新皇后生下了一個男孩，尚在襁褓中的嬰兒被封為「羅馬王」。

想一想

1. 拿破崙為什麼要當皇帝？
2. 英、奧等國家不斷組織反法聯盟的原因是什麼？

十二 分崩離析的大軍團

　　拿破崙一次又一次地粉碎了外國勢力的反法聯盟，維護了法國在國際社會中的地位，無疑是法蘭西的民族英雄。但是，法國統治層中離心離德的情況在日益加深，拿破崙的軍事獨裁政策使帝國持續多久成了問題。封建作風在宮廷中瀰漫，以一位行刺未遂而被處決的德意志青年為起點，歐洲人民看到拿破崙和他的軍隊再也不是「自由平等」的傳播者和捍衛者了，他到處挑起戰爭，壓迫弱小國家和民族，已成為蹂躪歐洲的暴君了。

　　作為歐洲大國的俄國不甘心對法國束手無策，就在拿破崙施行針對英國的「大陸封鎖令」開始產生效果之際，俄國不理會法國的反對，率先開放港口恢復與英國的貿易，並且在邊境集結了二十四萬軍隊，以防法軍突襲。好戰的拿破崙於是決定遠征俄國。拿破崙從歐洲各國徵集了一支總數六十七萬人的大軍，於一八一一年六月開過涅曼河，浩浩蕩蕩地向俄國境內進發。

　　俄軍司令巴克萊也是個有勇有謀的戰將，他一路棄戰，且戰且退，避免與來勢兇猛的法軍決戰，這就使法

軍的戰線拉長，造成物資供給困難，交通線兵力也需要大增，而沿途的**堅壁清野**①及突襲更使法軍困難重重。

拿破崙在計劃遠征時，估計俄國必有許多糧食和馬匹，但進入俄國後才發現當地根本找不到足夠的糧食和牲口。法軍好不容易才發現敵人的影子，但一下子他們又在大霧中消失了。一次法軍終於找到了與俄軍決戰的機會，但一場血戰之後，俄軍有秩序地退出了戰鬥，傷亡了四萬多人的法軍只奪下一個毫無軍事價值的小村。

拿破崙起先還是十分樂觀的，可是在長期跋涉俄國的廣袤平原後，他開始焦急了。俄軍在撤退前總是燒光村莊和毀掉工廠，連一點吃的東西都不留下來。遠征軍中很多人患了**壞血病**，有一次一天竟死去九百多人。

莫斯科在望了。九月十四日，法軍順利地開進了莫斯科城，他們滿以為敵人會派使者前來求和，但俄方卻一直沒有動靜，當他們搜遍全城，才發現它竟是一座死寂的空城！拿破崙隱隱感到，自己好像陷入了一個圈

知識門

壞血病：
又稱為水手病，是一種因缺乏維他命C所引起的疾病。這種病以前經常在船員身上出現，因為他們長期在海上，難以吃到新鮮的水果和蔬菜。

---

① **堅壁清野**：將田裏的糧食和所有的用品收藏起來，不被入侵的敵人加以利用。

套裏。

當晚，在拿破崙搬進**克里姆林宮**[①]後，莫斯科的許多房屋忽然着火燃燒起來，不論士兵們如何奮力救火，火燄馬上又從另一個方向冒了出來，弄得他們手忙腳亂，顧此失彼。大火吞沒了莫斯科大部分房屋，一連延續燒了五天五夜，那悽慘的情景簡直叫人不忍目睹。

拿破崙從皇宮的窗口眺望火景，像是瘋了似的發出一陣陣狂笑。此刻，他絲毫沒有過去攻克敵人城堡之後的那種勝利的感覺，反而只有一種遭到巨大挫敗的沮喪心情。他説：「我每一次都打敗了俄國人，但我一無所得。」

法軍雖然佔領了莫斯科，但既無糧可吃又無屋可住，在這個廢墟上堅持了半個多月，拿破崙不得不下令向巴黎撤退。這時，遠征軍早已折損過半。

回程的路上，天氣已轉入嚴冬，猛烈的風雪勁吹，本來就飢寒交迫的士兵更是雪上加霜，許多士兵又凍又餓又累，永遠倒在漫天飛雪的俄羅斯大地上。此時，俄軍的騎兵發動了追擊，沿途的襲擊令法軍傷亡慘重。離開莫斯科時法軍還剩有十萬人，到達**斯摩棱斯克**[②]時卻只

[①] **克里姆林宮**：俄國皇帝的宮殿，位於俄國首都莫斯科。
[②] **斯摩棱斯克**：位於俄羅斯西部，距離莫斯科 360 公里。

有五萬人了。這是拿破崙犯了戰略性的錯誤所付出的慘重代價。

禍不單行，前方敵人緊追不放，後方又傳來部下馬萊將軍發動叛變的壞消息。他在巴黎散播拿破崙已戰死的謠言，煽動人民起來反對拿破崙。

「我必須立刻回到巴黎去！我必須活着回到巴黎去！」他將全軍指揮權交給繆勒和內埃將軍，自己只帶兩名衞兵，乘雪車疾馳過一望無際的雪原，十二天之後，他回到了巴黎。

叛亂者下獄了，拿破崙再一次穩定了國內的政局。但是，歐洲各國又再一次組成了新的反法聯盟，俄普聯軍在作入侵法國的最後準備，法國的附屬國和佔領地的軍隊隨時準備倒戈投向俄國，而死對頭英國則增兵西班牙，加強了軍事攻勢，連奧地利亦沒有打算給拿破崙這個女婿什麼實惠。這是一次比以往任何一次都強大的反法聯盟。

拿破崙並不認為他的帝國已經盛極而衰，他不願意停止他的戰爭機器，「我要讓敵人在法軍的鷹旗卜屈膝投降！」他不斷地重複着這句話，仍然相信所有的人都與自己一樣充滿着必勝的信心。

一八一三年十月，法軍與聯軍在**萊比錫**[①]展開血

戰。法國盟軍薩克森軍隊陣前倒戈，法軍敗退萊茵河。八十五萬反法聯軍四路推進到法國境內。眾將叛離、訣別妻兒的拿破崙神情堅毅，率領組織起來的三萬國民自衛軍再赴前線，雖然也打了幾個漂亮的勝仗，但畢竟大勢已去，強大的敵軍避實就虛，盡量不與拿破崙的精銳部隊交戰，而只與其他將軍的部隊作戰，同時保持優勢兵力，逐漸向巴黎逼近。

萊比錫失敗最主要是拿破崙一改過去積極進取的作戰風格，而是坐守孤城，派人坐守漢堡和德累斯頓，擺開了架勢，讓聯軍各個擊破，哪有不敗之理！

一批一批的將領離他而去，十幾年來和他同甘苦共患難的狄格克將軍戰死沙場，而福熙、特雷蘭、貝爾納多德、繆勒等受過拿破崙厚待的屬下，卻一個個叛離了他。在一連三天的萊比錫大會戰中，有十二萬人的薩克森步兵隊一軍團和騎兵隊倒戈相向，令拿破崙再次嘗到了戰敗的苦味。

反法聯軍開進巴黎，到處顯示軍威、歡慶勝利，手中只有六萬兵力的拿破崙不可能抵抗了，只得派人向俄帝亞歷山大求和。他不禁仰天長歎：「眾叛親離，大勢

---

① **萊比錫**：現在為德國的一個城市。

已去，聽天由命吧！」

一八一四年四月十一日，拿破崙簽署了遜位聲明。四月十二日，苦悶的拿破崙服毒自殺但未能遂願。八天後，拿破崙按照佔領者的安排，動身前往地中海上的厄爾巴島。退位後的他是厄爾巴島擁有完全主權的領主，年薪二百萬法朗，並有近衛軍一個營的士兵作為儀仗隊和護衛隊。這個島面積僅二百三十三平方公里，有三個小城市和近萬居民。

拿破崙表面上很平靜地接受了這一切，他以高度的熱情和全部的精力規劃治理這個「微型國家」。他領導島上居民鋪設道路，創辦醫院，興建學校、戲院、兵營等，又將山坡建設成大規模的葡萄園。這個原先荒蕪的小島，自從拿破崙來了以後，便充滿了一片興旺的景象。他看起來是那樣的心滿意足，以至來訪的英國代表都認為他「除了這個小島外對什麼都不感興趣了。」

但實際上，拿破崙並未放棄東山再起的念頭。從一八一四年的秋天開始，他就留意到復辟後的**波旁王朝**的所作所為比預料的還要輕率和

知識門

波旁王朝：

一個曾統治過納瓦拉、法國、西班牙、那不勒斯與西西里、盧森堡等國的跨國王朝。1589年，亨利·德·波旁繼位為法國國王，波旁家族便入主法國了。

荒唐。在反法聯軍刺刀保護下重登王位的波旁王朝，以及一大批最頑固的保皇黨分子，窮兇極惡地進行反撲報復，渴望奪回自己先前失去的一切。路易十六在斷頭台上喪命的一月二十一日被定為「國喪日」，波旁王朝的百合花旗取代了象徵革命的三色旗，殘酷的私刑在各地恢復了，貴族任意鞭打農民，受害者卻申訴無門……

想一想

1. 你對拿破崙遠征莫斯科有什麼看法？
2. 為什麼這次的反法聯盟能取得勝利？

十三 窮途末路的英雄

根據和約，法國僅保留一七九二年疆界以內的國土，從而喪失了萊茵地區和意大利等廣大土地。波旁王室大量清洗軍隊，另外組建了一支由貴族和保皇黨分子組成的、享有高薪和特權的王室衛隊。

不滿和憤怒在迅速地積聚着，民眾和士兵開始懷念起拿破崙來。「現在該是我東山再起的時候了！」一八一五年二月二十五日，拿破崙率領近千名因經常操練而保持着良好戰鬥力的近衛軍，將兩艘帆船塗裝成英船的模樣，趁着英國特派員正在休假之機悄悄離開厄爾巴島，奇跡般地避開了海上的英國巡邏艦，於三月一日在法國本土登陸。

康布羅納將軍帶領部分老兵去尋找軍火，拿破崙則帶着數百名近衛軍向巴黎進發。沿途居民羣集路旁迎接他們，不斷有人加入他的隊伍。「士兵們，現在，我又回來了，戴上三色帽徽吧，在帝國鷹旗下集合，像過去那樣去奪取輝煌的勝利吧！榮譽歸於我們的祖國法蘭西！」

　　拿破崙的聲音響徹了全國，他堅信自己將一槍不發地贏得法國。而人民對於拿破崙的捲土重來，則抱着興奮與期待的態度。驚慌失措的路易十八派出討伐軍，試圖阻止拿破崙的前進，但當討伐軍與拿破崙的部隊相遇時，討伐軍的士兵一見到拿破崙，竟一齊高聲大喊：「拿破崙萬歲！」然後集體投誠，連奉命迎擊拿破崙的內埃將軍，也在半路上向拿破崙投降了。

　　拿破崙軍很快就成了一支聲勢浩大的軍隊，路易十八嚇得逃跑了。

　　一八一五年三月二十日，歡呼聲籠罩了杜伊勒里宮，拿破崙再度登上皇位，開始了被後人稱為「百日王朝」的短命政權。

　　三月奇跡如同滾過頭頂的陣陣驚雷，炸響維也納的上空。在維也納舉行會議的各盟國停止了分贓的爭吵，簽署了一份聯合聲明，宣布將集中它們所有的力量與拿破崙決戰，一支由英國、奧地利、俄國、普魯士等國組成的數以百萬計的聯軍，集結起來開向法國邊境。而拿破崙手頭上則只有十三萬兵力，其中以少年兵為最多。一聽到拿破崙募兵的消息，法國所有的少年們都狂熱地前往從軍，全國的少年幾乎沒有一個是願意留在家裏的。

在如此敵眾我寡的情況下，要打敗百萬敵軍，唯一的辦法是趁威靈頓麾下的英軍和呂布赫爾所引領的普魯士軍還沒有會合之前，就設法擊退他們。

主意已定，拿破崙軍首先很輕易就挫敗了普魯士軍的前鋒，然後從比利時國境一路北上。他們來到預料英軍與普魯士軍將要會合的兩條路上，打算兵分兩路迎擊敵人。

當時內埃將軍奉拿破崙之命率部前往布勒去對付普魯士軍，但當他看到出現的不是普魯士軍而是英軍時，竟不知所措，因而作出了錯誤的判斷，不敢發起攻擊。而拿破崙軍面對普魯士軍，雖然與預計的相反，但拿破崙卻絲毫不在意，他想，照原定計劃打就是了，管他是英軍還是普魯士軍！

六月十六日清晨，拿破崙依照計劃發起了進攻，很快就突破了對方的中央部隊，逼得普魯士軍逐漸後退，還擊傷了普軍的老將呂布赫爾。但是，內埃將軍指揮的法軍左翼部隊，由於行動遲緩而未能牽制住威靈頓率領的英荷聯軍。法軍戴隆爾將軍指揮不當，使兩萬法軍奔走於戰場之間，拿破崙指揮的右翼雖取得勝利，但配合的不當導致功虧一簣。

為了擊退左翼英軍的猛烈進攻，拿破崙只好親自到

左翼去。在找不到合適人選的情況下，追擊潰退的普魯士軍的大任，只好讓平庸的葛魯西擔當。這實在是非常錯誤的，拿破崙在以後一直追悔自己當時的用人不當。

當拿破崙率軍與英軍遭遇後不久，英軍開始後退了。拿破崙立刻策馬下令前進，自己帶領騎兵向前追趕。狡猾的威靈頓從望遠鏡中看到衝在最前面的竟是拿破崙本人，急忙下令全軍撤退，他的如意算盤是，在法軍趕上來之前撤到**滑鐵盧**去，那裏的小山易守難攻，可望作為抵抗法軍的陣地。

這時，天空忽然黑雲密布，不一會兒便下起了傾盆大雨，疾風、閃電、雷鳴齊來。上天保佑了英軍，由於連續不斷的大雨，路上積了很深的水，水深一直浸沒到馬匹的膝蓋上，使法軍無法追趕，終於讓潰退的英軍及時逃到了滑鐵盧的小山上。

於是，滑鐵盧的這座小山，便成了英軍的防守要塞。在終日不停的大雨中，拿破崙站在帳幕外焦急地眺望着敵軍陣地，等待着進攻的時機到來。

雨實在是太大了，大炮全都陷在泥濘當中，根本無法移動。士兵們全身濕透，不住地瑟瑟發抖。寶貴的時

知識門

滑鐵盧：

比利時城市，位於比利時首都布魯塞爾以南18公里，1815年6月18日著名的滑鐵盧戰役的戰場在此以南5公里。

間一分一秒地過去，再也不能等待了，拿破崙只得開始草擬他的進攻計劃。

「我們決不能低估了英軍的實力啊。我認為，最好從葛魯西將軍的部隊撥出一部分兵力給我們。」蘇爾特將軍提議道。

「根本沒有這個必要！」拿破崙毫不在意地一口回絕了他的意見，「你未免把威靈頓估計得太高了！」

「不，陛下，我們決不可輕敵啊！」

「貿然施行正面攻擊，會大量增加我方傷亡的。」雷爾將軍也同意蘇爾特將軍的意見。這一次兩位將軍並沒有說錯，拿破崙確實是低估了對方的實力，可是將軍們的意見並沒有獲得採納。

上午十一時半，豪雨停止了，太陽剛一露臉，拿破崙便下令進攻。八十門大炮同時開火，隆隆的炮聲此起彼落，大地為之顫抖。

可是就在激戰方酣之際，拿破崙卻發現西北方突然升起了一片煙霧。「那是什麼？」他詫異地問部下。

「不過是雲影罷了……不，大概是遠處的森林罷。」將軍們都不以為意，隨便地回答了他。只有蘇爾特將軍說：「陛下，我看那是揚起的塵土啊，而且還是軍隊前進時捲起來的塵土，很有可能是普魯士軍趕回來

接應英軍。陛下，要小心！」

蘇爾特的估計是對的，他們所見到的煙霧，正是普魯士大軍趕路時所揚起的塵土。當普魯士軍撤退時，無能的葛魯西竟沒有事先察覺出他們的動向。

「這個愚笨的葛魯西！」當拿破崙最後證實是普軍接應英軍，對自己正進行兩面夾攻時，他憤怒地咒罵着，他只得臨時改變作戰計劃。為了要在普軍趕到之前先打敗英軍，他不得不在尚未做好所有準備之前就強行發動總攻。第一次強攻失敗了，英軍比原來所想像的要難對付。

第二次強攻雖然成功了，但在英軍的反撲下，很快又退下陣來。

內埃將軍帶領着禁衛兵施行了第三次強攻，逼得英軍幾乎立不住腳，山上的法軍和英軍短兵相接，戰鬥一直擴展到了炮兵陣地。

「完了！」威靈頓將軍茫然地注視着這場血肉混戰，他已感覺到失敗正向他步步逼近。拿破崙眼看就要取得了這場戰鬥的主動權。

可是就在這當兒，普魯士大軍從側面攻來了，法軍竭盡全力，都擋不住普魯士軍的猛烈攻擊。戰場上遍地都是戰死沙場的士兵屍體。而敵人像螞蟻般從三面包

圍過來，戰況到了這個地步，拿破崙不得不承認大勢已去。法軍潰退了，他們在從來沒有過的恥辱的陪伴下，撤回到巴黎，整個法國都籠罩在一片愁雲慘霧之中。

　　一八一五年六月十八日，拿破崙和所有法國人都會永遠記住這一天！

　　1. 為什麼民眾和士兵想念拿破崙，並讓他再度執政？

　　2. 滑鐵盧戰役中拿破崙被打敗的主要因素是什麼？

十四 遺恨聖赫勒拿島

滑鐵盧之役後的第三天，拿破崙回到了巴黎，連日來不眠不休的他，臉色顯得格外蒼白，看上去真是憔悴極了。大臣們不再隱藏他們對拿破崙的反感，政府和議會也不肯再服從他的命令了。

拿破崙試圖說服政府和議會支持自己再與聯軍作最後的抵抗，但他不得不放棄。掌握着行政大權的福熙開始和兵臨城下的聯軍談判簽訂和約。

聯軍要求處死拿破崙，但福熙知道，如果他答應敵方的要求，法國人民是決不會原諒他的，「就讓他逃到國外去吧。」他這樣決定，隨即密令軍艦沙爾號和梅都薩號準備帶拿破崙到國外去。

拿破崙默默地接受了命運的安排。當他動身踏上軍艦的時候，成千上萬的百姓和士兵夾道哭喊：「別離棄我們啊，陛下！」「我們需要您呀，陛下！我們願意為陛下而戰！」

在尼奧爾市，整個輕騎兵團一致要求拿破崙再度領導他們作戰。當時拿破崙如果答應他們的要求，說

不定歷史就重寫了，但是，拿破崙已心灰意冷了。

　　一八一五年六月二十二日，拿破崙再次簽署了退位詔書。就這樣，從出逃厄爾巴，步上法國王位到滑鐵盧戰敗，拿破崙的「百日王朝」算是結束了。他此時的打算是乘軍艦到美國去。六月二十八日，路易十八在外國軍隊護送下又一次重登王位。

　　兩艘軍艦上的水兵全都是拿破崙的崇拜者，都願意為拿破崙而死，他們知道英國巡洋艦早已守候在港外，於是紛紛喊道：「和英國佬拚了，一定要想辦法把皇帝送到美國去，說什麼都不能白白讓皇帝被英國人捉去！」

　　「為我而死的人已經太多太多了！」拿破崙禁不住內心的陣陣酸楚，兩眼不由得模糊起來，「不，不能再讓法國士兵為我去送命了，還是把自己引渡給英國吧。」

　　拿破崙下定決心後，立即傳令掉轉船頭，駛向英艦，他決意聽任敵人安排自己的命運。已經成為勝利者的英國政府，仍然不能壓制住自己的疑懼，精心挑選了遙遠的聖赫勒拿島，作為拿破崙終生流放之地。就是當時最快的大篷船也得至少兩個半月才能完成英國至該島的航程，島上所有着陸點都沒有炮台防衞，在各處懸崖

峭壁上設立的信號站則完全排除了外來艦隊營救的可能性。

一八一五年十月十六日，英艦諾森伯號載着拿破崙駛向聖赫勒拿島。法國、歐洲越來越遠了，站在甲板上的拿破崙沉思着，凝視北方的天空。啊！在那片亮麗的湛藍天空下，是他縱馬馳騁了二十多年的地方！

這一年，拿破崙才剛滿四十六歲。

聖赫勒拿是一個一向少人居住的火山島，位於南大西洋，離南非洲**好望角**約莫有二千公里。島上生長的只有一些高聳的橡膠樹和多刺的仙人掌，此外就是蔓延全島的毒草了。眾多的野禽棲居在密實的灌木叢中，墨綠色的幾近陡直的崖石構成了堅固的海岸。

知識門

好望角：

非洲西南端突出海中尖形的陸地。1488年葡萄牙航海家迪亞士首次到此，因多風暴，將其命名為「風暴角」，後因此處可通向富庶的東方，改稱「好望角」。

拿破崙的寓所四周有英軍的警衞兵日夜看守着。當時，全歐洲的人都密切地注視着聖赫勒拿島上的動靜，有不少人相信拿破崙還會創造出奇跡來，盼望着他能再度逃脫，一些法國軍人在認真地策劃營救拿破崙。

這樣一來，島上的總督哈特遜不免時刻提心吊膽，更加緊了對拿破崙的嚴密看守。這時，拿破崙的前妻約

瑟芬已死，皇后路易絲已回到奧國去了，孤獨的拿破崙每天只能寂寞地想念着他的兒子羅馬王。不久前，十歲的羅馬王被當作人質送到奧地利去了。

有這麼一個神奇人物作俘虜，使哈特遜的愚笨展現到極致。拿破崙沒有與外界聯繫的自由，不論是人還是信件都有嚴格的限制，周長十二英里的三角形地帶是拿破崙的自由活動區域，再往前就是哨兵的槍口了。

命令雖然如此，但英軍的衛隊官兵對這位將軍不僅尊重和崇敬，許多時候還表露出難以掩飾的傷感和同情。士兵們不時向拿破崙獻花，請求他的貼身隨從人員准許他們偷着去看望他。雖然是拿破崙的原因使他們不得不呆在這個荒遠的孤島，但他們並沒有對拿破崙產生一點怨言。駐島監視的俄國代表巴爾馬因伯爵説：「最奇怪的是，這個俘虜竟能夠影響一切與他接近的人，誰都不敢居高臨下地對待他，也不敢面對面地直視他。」

戎馬一生、桀驁不馴的拿破崙堅毅地忍受着自己所處的境況，還在諾森伯號駛向聖赫勒拿島時，他就開始對秘書拉斯卡斯口述自己的回憶錄。在島上，這項工作一直持續到一八一八年拉斯卡斯被逐離小島。

一天之中有好幾個鐘頭，拿破崙總是獨自在沉思中度過，緬懷着往日的光榮和輝煌的勝利。在失意和痛苦

中，他感到極其的憋悶，相較於這個彈丸之地，他曾統治歐洲人口的一半，率領法軍取得一系列輝煌的勝利，「百日王朝」時人民對他的熱愛更令他自豪。成為東方皇帝始終是他的夢想，因此他對放棄埃及，以及撤圍阿克爾城堡一直惋惜不已。同時他又深切地認識到，進攻西班牙、遠征俄羅斯無疑是一個決定性的錯誤，因為這使他的帝國從根基上動搖了。

滑鐵盧戰役在拿破崙的回憶錄中被反覆談到，經過仔細的反思，他認為是不能預見的偶然性幫助英國人贏得了勝利，這尤其讓他感到心痛。

除了寫回憶錄外，拿破崙以下棋或演算數學題來消磨時光，他也學習英語和看報紙，有時也種花、散步或騎馬。

日子就這樣一天天地過去。連年征戰、宦海沉浮的生活經歷，嚴重地消耗了拿破崙的精力，年歲在增長，患病成了一八一九年以後拿破崙的家常便飯。

由於熱帶特有的酷熱天氣和每天單調的生活，使得拿破崙的體力越發衰弱下去，病情在不斷惡化。「這是我身體上的滑鐵盧。」他總是這樣說他的病。癌病是拿破崙家族的遺傳病。到了一八二一年（拿破崙來到聖赫勒拿島的第五年），他的病情更加嚴重了，每天大半時間

都躺在牀上不能起來走動。在病痛難忍的時候，這位出生入死的軍人，會夢囈般地不斷呼喊着他母親的名字。

一八二一年四月十五日，拿破崙將先前的口述遺囑抄寫下來並簽了字。

五月五日下午五時許，拿破崙正讓隨侍他的老兵給他朗誦名著《漢尼拔傳》，唸着唸着，老兵發現他突然陷入了昏迷。醫生趕來進行搶救，但已回天乏術，在彌留之際，他嘴裏斷斷續續吐出最後的話語：「法蘭西……軍隊……衝鋒……」

幾分鐘後，夜幕降臨大地，一代英豪拿破崙在聖赫勒拿島宣布日落的炮聲中，溘然長逝，終年五十二歲。

葬禮在四天之後依軍隊葬禮的儀式舉行，以總督為首的所有官員、拿破崙的僕從、衛隊人員以及全體海軍官兵都加入了送葬的行列。由英國士兵扛來的靈柩下放到墓穴的時候，禮炮齊發，山谷轟鳴，像在告知全世界：法蘭西最偉大的民族英雄拿破崙已長眠異土。

想一想

1. 你認為如果拿破崙答應輕騎兵團再度作戰的要求，能扭轉局勢嗎？為什麼？

2. 你對拿破崙的一生有何評價？

生平大事年表

公元	年齡	事　件
1769	／	8 月 15 日出生於科西嘉島。
1779	10 歲	入布里埃納軍校。
1784	15 歲	入巴黎軍官學校。
1785	16 歲	父親去世，為養家而放棄學業，提前服役，加入拉費爾炮兵團。
1793	24 歲	在土倫之役中立下大功，被授予旅司令官軍銜。
1794	25 歲	晉升為國民軍總司令。雅各賓政府倒台，受牽連入獄。
1795	26 歲	協助鎮壓叛亂立功，出任巴黎衞成部隊司令。
1796	27 歲	出任意大利遠征軍總司令，指揮軍隊連獲大勝。
1798	29 歲	率遠征軍進攻埃及，佔領開羅。
1799	30 歲	乘船逃出埃及，回到巴黎發動政變，就任第一執政。

公元	年齡	事件
1800	31 歲	再度出征大破奧軍。
1802	33 歲	任終身執政。
1804	35 歲	登基成為法國皇帝，號稱拿破崙一世。
1806	37 歲	進軍柏林，發布大陸封鎖令。
1812	43 歲	遠征俄國失敗，退守巴黎。
1814	45 歲	反法聯軍入侵法國，巴黎落入敵手，4 月 11 日宣布退位，同月 20 日動身前往厄爾巴島，開始流亡生活。
1815	46 歲	2 月逃出已爾巴島，回到法國，重獲法國皇位。同年 6 月迎戰反法聯軍於滑鐵盧，大敗，再次宣布遜位。同年 10 月被英軍軍艦押送往孤島聖赫勒拿島放逐。
1821	52 歲	經過五年放逐生活，5 月 5 日下午 5 時，病逝於聖赫勒拿島。

自由、平等、博愛

　　年少的拿破崙，受到啟蒙思想家盧梭的自由、人權思想影響，決心支持法國大革命，為「自由、平等、博愛」而戰。法國大革命時期頒布了一份綱領性文件——《人權和公民權宣言》，它第一條便是「在權利方面，人類是與生俱來而且始終是自由與平等的」。「自由、平等、博愛」這句法國大革命期間的口號，後來被寫進法國憲法中，至今仍然是法國的國家格言。

　　自由（Liberté）：根據《人權和公民權宣言》，自由就是指有權從事一切無害於他人的行為，自由、財產、安全與反抗壓迫是人類自然和不可動搖的權利。這份宣言也明確肯定了人民擁有言論、著述和出版、宗教信仰的自由。

　　平等（Égalité）：《人權和公民權宣言》肯定了法律面前人人平等，法律對於所有人，無論是施行保護或是懲罰都是一樣的。所有人都能按照他們的能力，平等地取得官職或公共職位。

　　博愛（Fraternité）：也被翻譯為友愛、團結，體現於彼此互助。自由、平等屬個人權利，而博愛則屬於道德義務層面。

創意寫作

　　假設你是被流放於聖赫勒拿島的拿破崙，試寫一篇回憶錄，回顧自己一生中最難忘的事，並抒發感想。